教養みらい選書
002

食べることの哲学

檜垣立哉

世界思想社

本書のメニュー

序　われわれは何かを殺して食べている

食べることの哲学ときいてどのようなことをおもい浮かべられるだろうか。さまざまな食事の分類、美食や味にかんする考察、食の地域性など、おおよそこういうことが普通には想定されるかもしれない。

確かにこれらの個々の主題は哲学としても興味深いものであり、近年でみてもさまざまな書物がある。人類学者レヴィ＝ストロースや記号論者ロラン・バルトの著作などはそれらの代表であり、私も参考にしている。食べることは一面、身体的な感性に強く訴えかけるものであり、なおかつそこには多様な人間の知が凝縮されている。また文化的な儀礼や祭儀にまつわる食のあり方や、地域における食の観念についての目を見張る差異も、相当に興味深いものである。

たとえば私は強く主張したいが、ヨーロッパにおけるフランス語圏より北、すなわちアングロサクソン圏やゲルマン圏（ただしゲルマン圏は東方の影響が強いので微妙であるが）には正当な意味で「料理」というものはないとおもう。あるのは英語の「ディッシュ（dish）」そのものの「皿」である（ただし、もともとdishは大皿料理であり、それが地中海圏にないわけではない）。「キュイジーヌ（cuisine）」という名に価する料理は「東方」からきたものであり、それはヨーロッパにおいてはフランスという境界線でとまっている（それがゆえにフランス料理こそがヨーロッパ料理であるという観念は、北ヨーロッパでは強い）。これには異論も当然あるだろう。こうした議論には、料理とは何か、あるいは人間が快楽をともなった感覚としてとらえる味をどう考えるのかといった問題が詰まっている。

こうした事柄は論じるに楽しいものであり、さまざまな知見がある。そのことについては、この本のなかでも折々の箇所で触れていきたい。しかしながらこの書物は『食べることの哲学』と題されたものである。哲学といえば思想史や大哲学者の難解な思考体系をまずは想定してしまうだろう。だがそれと、きわめてわれわれの日常に即した「食べること」との関係は何か、あるいはそんな常識的なことと哲学とが本当に関係があるのか、こういう疑問を当然のようにもたれるかもしれない。もっともなこととおもう。

なぜ食べることをあつかうのか

それらのことについて最初にまず、どうして私は食べることをテーマとするのかについて、おおきな枠組みを設定しておきたい。それは、食べることは人間を考えるときに、文化・社会としての人間と、身体・動物・生命をもった人間との両側面が、きわめて矛盾しぶつかりあいつつ接触する地帯であるからにほかならない。

人間は古来「理性をもった動物《ゾーオン・ロゴン・エコン》」であるといわれてきた。そのかぎりにおいて人間は、まさに言葉をもって、理性をもって、社会的道徳をもって生を送るものとされてきた。それは確かである。ただ同時に、人間は霊長類が進化した動物でもある。動物としての人間の位相をひきたてるとき、そこでは、文化からみて、文字で書かれうる思考や法や制度に比べてある種の「低俗」なものと描かれがちな動物性がどうしても露呈されざるをえない。食べることはそうであるし、性（セクシュアリティ）にかんするさまざまな事例もそうである。もちろんこういえば、ただちに反論をうけるだろう。食事や性にまつわる事柄は、すでに書かれているように、そもそも文化的なものではないか。人間を考えるとき、これらを動物的なものと決めてかかるのは、あまりに素朴で危ない思考ではないのかと。

一面ではその通りである。またここで、食と性が二つのテーマとしてあげられることはそれ自身示唆的でもある。食べることはいろいろな文化的な色彩に彩られている。そこにはいくつもの文化的なしきたりがあり、習慣があり、それについての議論がある。性やセックスについてもまったく同様であり、性的な事象は文化的に規定されている部分がおおきく、何が禁じられているか、何を欲望するか、これ自身が文化的・歴史的に相対的である（あるいはまさに文化が構築している）。それはある部分までは真実であると私もおもう。

文化と動物性がぶつかりあう身体

だが、考えてみてほしい。人間は身体でもあり、そして身体である以上、動物であり、生物である。この根本を無視しては、おおよそ人間の文化は、その物体的基底としての身体性をみうしなうのではないか。

端的にいおう。われわれは食べなければ死ぬのである。しかも人間は比較的脆弱な生き物で、もちろん真水があれば相当期間生きることは可能かもしれないが、通常は数時間おきに食物を補給することが必須である。それは栄養分の補給であり、そのことを欠くならば身体としての人間は死んでしまう。文化がそれに対抗してかかわるおおきな事例としては、宗教者の断食や、精神的な病としての拒食症があげられるだろう。これらは、食べることの「裏側」に横たわる大テーマであり、本書の最後で少しだけ触れたい。しかしいずれにせよ、食べることは個体維持にとって不可欠な事柄である。

翻って性について考える。これもまた、人間のセクシュアリティはたんなる生殖欲望ではないとよくいわれる。だが、いうまでもなく性的な欲望は、子供という次世代の人間を産みだすものでもある。性にまつわる行為がなければ、群れとしての、種としての、集団としての人間は確実に消滅する。絶対にである。このことを性について論じることの核心におかない議論はやはりおかしい。そして、前者の食べることとつなぎあわせると、断食をする宗教者が、大抵は性的欲望を遠ざけるのは、何か連関があることにおもえる。

率直にいえば、二〇世紀後半の哲学は、どことなく社会学が提示する事例に沿いながら、人間の身体やその生理的欲望を、文化的装置としてとらえていく発想が強かった。それは、とりわけ性において（しかしながら実は食においても）、政治的な戦略とからむものであった。繰り返し確認しておくが、それは一面では正当なことである。

だが、他面では、われわれはどこまでいっても生物であることに間違いはない。自分の身体を維持するためには必ず食べなければならず、自分の生物種を維持するためには必ず性行為が必要である。

もちろんそこにはさまざまな科学技術的介入がありうる。食べることにかんするサプリメント、その是非がさまざまに問題になっている高齢者介護の場面での胃瘻《いろう》の措置などはその例であるし、性についても人工生殖技術は驚くばかりの発展を遂げている。だがそれは、人間の身体が生物的なものを必要とすることを補完するにすぎず、人間の生物性を毀損するわけではないどころか、ますますそれをひきたてる側面をもっているようにもおもわれる。

いずれにせよ物事にはつねに両面があり、文化としての身体と、動物としての身体とはどこかで絡みあい、ぶつかりあってしか存在しえないのではないのだろうか。食べるというテーマを選んだのは、このぶつかりあいが食という事例に、よくよくみやすい姿をとって現れるがゆえである。そこでは、文化としての人間と、動物身体としての人間とは端的に対立する。

われわれは何かを殺して食べている

誰もが普段気づいていないことであるが、食べものというのは、ほとんどが「生きたもの」である。このいい方はいささかオブラートにくるんだものであり、実際には塩分やミネラルなどをのぞき、われわれは何かを殺して食べているのである。もちろん、ヴェジタリアンがおり、動物は食べるべきではないという主張がなされることもある。だが、その場合でも食べてもよいとされる植物もまた生物であることには変わりがない。また多くの食のタブーはこの「殺す」ということにこだわりをもっている。何をどういおうと、われわれは生き物を食べ、そのかぎりでそれを殺している。

とはいえ、よくおわかりのように、とりわけ近代社会においてはみだりに生き物を殺すことを推奨する文化はほぼ存在しない（戦争という重大な例外事例はあるが、この点は措いておく）。一方では生きているものを殺してはダメだというのは文化の基本的な原則でもある。だが同時にわれわれは日々自分が生きるなかで、大量の動物や、あるいは植物を、やはり殺して食べているのである。現代文明においてはまさに、みえないところでそうした殺戮《さつりく》はおこなわれる。これは端的に矛盾ではないか。

すがすがしいまでにこの矛盾を問い詰めるのは宮沢賢治である。宮沢は法華経というきわめて戦闘的な仏教的信仰を背景にもちながら、この問題を小説や童話という仕方で書きつづけた。それは食物連鎖そのものを問う「よだかの星」、あるいは人間もまた食べられる自然であるということを喚起させてくれる「注文の多い料理店」や「なめとこ山の熊」などにおいて明示されていることである。人間は生き物を食べないと自分が死ぬ。しかし、自己の倫理に忠実であれば、そもそも自分が死ねばよいのではないか。宮沢の問いそのものはここにまで達してしまう。これは先にのべた極限的な「食べない」に通じるものである（この主題は第三章でとりわけ論じる）。

人間は人間を食べない

そしてまたこの場合、「ここまでなら食べてよし」「これは食べてはいけない」という問いにむすびつくことも往々にしてある。これもまた文化相対主義が幅をきかせる議論のようにみえる。曰く、日本人は魚を生で食べるが、近年の「スシ」ブーム以前はそのようなことは世界のどこでもだいたい気持ち悪がられた。ムスリムはハラルフードという特定の規則にのっとった殺し方をした食材しか食べない。インドでは牛は聖なる生き物なので食べない、等々。だがこうした議論のそれぞれは、実際にはさして重要ではない。この議論には、あるゼロ点ともいうべき根底がある。それは「人間は人間を食べない」ということである。これはカニバリズムのタブーといわれる（いささかくどく、性との関連性をのべておけば、これはインセスト――近親相姦――のタブーに対応するだろう）。カニバリズムの忌避は、本当に人類に共通なのかという議論があるが、これが「食の下限」

を規定していることは事実であろう。そしてそれがゆえに、むしろ人間が人間を食べるということは、さまざまな人類学のなかの（西洋中心的な）「野蛮人」の表象のなかにみうけられることになる。この点については、社会学者である雑賀恵子が、『エコ・ロゴス』（人文書院）という書物で大変啓発的な知見を提示してくれている。食べてよいものと食べてはいけないもの、これは通常は文化的なことと考えられるが、人間を食べることについてはきわめていりくんだ、薄暗い場面という状況にたちいたらなければならない（この点は、宮沢の議論の前提的なものとして、第二章であつかう）。

食にかかわる矛盾

このことは食育にも連関する。大阪の豊能町でおこなわれた、殺して食べることを前提に豚を飼うという、実験的ないのちの授業の顛末をまとめた『豚のPちゃんと32人の小学生』（ミネルヴァ書房）という本がある。この内容は、妻夫木聡主演で、『ブタがいた教室』という映画にもなっている。この試みは、教育学的にはさまざまな批判をうけるものだろうが、哲学的にみれば、文化と動物との人間としての臨界を、教育という視点からあつかうことにより（つまり文化のなかに押しこめようとして）、それが無理であることを露呈させてしまう貴重な実験であるようにみえる。

率直にいえば、これは教育としてはとても褒められたものではない。小学生たちは真剣にはなしあうものの、結末はいたって無責任であるからだ。だがそこでは、「無責任」であるからこの試みが悪いということにはおそらくはならない。食育や、食べるということをいかに道徳的にあつかったところで、そこには「生き物は生き物を食べる」という絶対的な仕組みが介入し、それについて教育は、ほぼ何もいえないということが明らかにされるのである。そこでの「無責任さ」はいわばどうしようもない「無責任さ」である。さて、ではどうすればよいのか。これこそが食にかんする哲学の大テーマではないのか（この点は第四章の主題としたい）。

食にかかわる矛盾にまつわる問題系は、もちろん文化間での「食べてよいもの」「よくないもの」の対立にも展開できる。私は毎年和歌山県の紀伊勝浦に学生と合宿にいくことを習慣としているが、その途中に太地町という本当に小さな町がある。この何ということのない田舎の町は、シーシェパードや、それと関連する反捕鯨運動の強烈な攻撃対象になったことで一躍脚光を浴びた。『ザ・コーヴ』という、この土地での伝統的なイルカ漁を批判する映画はきわめて政治色の強いものであるが、その映像的価値は、興味深いことに攻撃されている太地町のひとのあいだでも認められている部分がある。

こうした運動をどう考えるのか。人間同士の利害がおそらくいちばん対立する位相はこういう場面であるだろう。人間と食をめぐる事態は、確かにさまざまな禁止とそのせめぎあいのなかにある。ただしそれは単純な文化間差異の問題なのではない。むしろより複雑な人間と自然とのあいだに横たわる何かに触れるものではないか（これは第五章で論じることにする）。

人間にとって何が旨いのか

ここまでのはなしだとだいぶ陰鬱な印象をうけるかもしれない。確かにそうなのだが、一面こうしたタブーや暗さのうえに人間の味覚がある。それは残酷さをひきうけたかぎりでの、ある種の味覚の洗練なのかもしれない。この点については、原点にたちかえってレヴィ＝ストロースの料理の三角形から「人間にとって何が旨いのか」という問いをたててみたい。

レヴィ＝ストロースは、もともとは神話をあつかう人類学者であるが、料理に触れるときには神話と料理の相同性についてとりあげている。神話は、理解しがたい自然の事象に対し、それと人間の世界とを調停する手段であるとレヴィ＝ストロースはいう。現代において神話はたいてい荒唐無稽なものにみえるが、そこには明確な論理があり、自然の事象を文化の事象で説明するためのひとつの調停であるとされるのである。そしてそれは、料理についても同じだという（彼の主著『神話論理』は神話論でありながら、食べることにまつわるさまざまな構図をそのままかさねている）。

食べるものは、自然物である。料理とはこの自然物に何らかの人工的な加工をほどこすことにほかならない。この加工の様式は、「生のもの」「火にかけたもの」「腐敗させたもの」によって形成される「料理の三角形」として提示されるが、ここでは「腐敗させたもの」という特殊な領域をとりわけ強調したい。そこで「煮たもの」は「腐敗」という現象と強く連関する。腐敗させることとは、一見すると食を食でなくさせる行為であるかのようにみえるがそれは違う。腐敗は発酵とむすびつき、実に絶妙な人間の味覚そのものを可能にするのである。

発酵がなければ、味わい深い料理は存在しない。そして発酵というのは人間が手を加えるというよりも、ある期間それを自然のなかに放置することによって旨みをひき出すという自然と文化の接合点を示す現象である。納豆や味噌や醤油、干物や保存食、そしてもちろんアルコール、これは人間の食の原点である。これを哲学的な主題として押さえることは、きわめて重要な意味をもつに違いない。人間は毒を食べるのである。あるいは嗜好品の歴史を考えればこのテーゼはもっと露骨に示せるのかもしれない。さらにいえば現代における猛毒というのは、純粋精製した砂糖を入手した近代人にとってのスイーツそのものであるのかもしれない（この主題は、まず食の基本形を示すために冒頭として第一章で、そして応用としての部分を中心に第六章であつかい、全体の議論を包むようにしたい）。

食の現在

さらに、先にも少しだけ言及したが、断食や拒食症（過食症）の問題がある。前者にかんしては宮沢賢治の宗教性にもかかわり、また後者については現代社会において非常にリアルな課題でもある。私は臨床や医療の場面に直接かかわるタイプの研究者ではないので、とりわけ具体的な現場が重要な後者について、おおくのことを論じることはできない。ただこの問題も、たんなる現代的な病理的事象としてあつかってよいのかどうか、正直、疑問におもっている。これも上記のクジラやイルカ漁の事例と同じく、たんに人間の文化の問題として処理すべきか、それとも自然を料理する、自然のなかにあるものを何らかの仕方で食べるということの矛盾とどこかでつながっている病理と考えるべきではないのかという直感がある。食べない、というのは、人間にとって不可欠な食べるという行為にとって、究極的な対立項でもある。拒食する動物がいないであろうことを考えれば、改めてここで動物的身体の位相から、文化としての食べるという場面へ視点を向けかえる契機がみいだされうるかもしれない。この点については最後にある種の展望として言及しておきたい（これが最終章になる）。

食についての思考が切り開く世界はかくも広大で深いものである。それは身体をもって生きている人間そのものを覆いつくすような壮大な力にみちている。この本であつかえるのはそのほんの一部でしかないかもしれない。それでも本書を読むことで、そうした食にまつわる思考の、そしてそれをとりまくわれわれの生の複雑さの一端に、少しでも触れていただければとおもう次第である。

第一章　料理の技法――味・レヴィ＝ストロース・腐敗

フランスにて

　食べることはあまりにも日常的な行為である。それを欠いては、われわれは何をすることもできない。繰り返しになるが、それに加えて人間は、一定の間隔で何かを食べつづけなければならない生き物である。こうしたあり方は、ある意味でわれわれの生存の絶対条件でもある。

　だからわれわれは、食べることには実にさまざまに気を遣う。衣食住といわれる三条件が生活においてとりあげられるのは意味のあることで、これらはそれぞれが自然と文化との交接点になるがゆえに、自分の身体そのものと深くかかわるからである。序でおおまかに記したが、われわれは自然的な身体をもっているがゆえに、何かを食べずに生きていくわけにはいかない。しかし文化をもって生きているかぎり、それについてさまざまな人間的なしかけをつくっていく。そして自然と文化の二つは、タブーという強い位相で切り分けられることもあるが、いずれにしても混在してしまっている。

文化と食、食の歴史にかんする書物はあまりにもおおい。そして食の作法、食の仕方、食の倫理などを論じたものもさまざまにある。それは考古学的で人類学的な視点から、現代社会の問題として論じられがちな孤食やファストフードの問題にいたるまで実にさまざまにある。だがここでは、若干エッセイ風になることをお許しいただき、最初にまず自分の体験談を記してみて、「われわれは何を食べているのか」に対する議論の導入としたい。

私は専門としてはフランス哲学を研究する者である。だが語学はあれこれ手をだしはするものの、一方で「英語やフランス語をぺらぺら喋る連中」のことが大嫌いで、本当に話すことについては(聞くことについてはもっと)自信がない。そういうこともあってか、フランス哲学者であるにもかかわらず、三〇歳を越えるまでフランスにはいったことがなかった。

大学生のときに、ヨーロッパに遊びにいったことがあるが、最初の訪問地はポーランドで、当時盛んであった「連帯」という共産主義国家における反国家的労働組合運動の聖地であったグダニスクと、かのオシフィエンチム(ドイツ語では、いうまでもなくアウシュヴィッツ)、それにヨーロッパのなかのアジアであったハンガリーを訪れただけで、フランスはわざと素通りした。この旅程でも、ポーランドなどの東ヨーロッパ文化では「ジャガイモ」は日本でのコメに該当するのだなとか(あれは料理の付けあわせでは断じてない。主食である)、ハンガリーのグヤーシュ(スープの一種)は実にアジア的だなとか、さまざまに考えることはあった。だが、脇道に逸れるので今は措く。

かくして初めてフランスにいったのは、二十数年前、秋のソルボンヌでおこなわれた学会であった。私はまったく単身で、読めるとはいえろくにフランス語を喋ったことはなく、ただただ孤独にフランスにいくことになる。こういう旅において何が問題かというと、とにもかくにも食べ物である。これは非常に重要なことであり、一人旅をすると、とにかく人間は何かを食べないとダメだということが痛感させられる。移動するときには、食べることの算段が何よりも重要なのであり、さらにいえば水の調達は、第一に計算しなければならないことである。

フランスには日本にあるようなコンビニはない。とはいえ実をいえば（いささかアメリカナイズされた）スーパーは大量にあり、またほぼ食品的にはコンビニ機能を充たす（みてくれは小さい）アラブ商店といわれるものも街中に散在する。後者は、果物や野菜が道端に溢れかえっているため、たちどころにその存在は目立ち、またかなり深夜までやっている。とはいえ場所はパリである。レストランにはいらなければならない。

秋の寒い時期である。すでに夕方は暗い。フランス文化をアタマで理解しつつも、実地では右も左もわからない一介のアジア人にとって、ひとりでレストランにはいって注文するというのが難しい（事情がわかってしまえば、カフェであれ何であれけっこう自由に出入りできるのだが、慣れが必要である。相手は、フランスの形式に慣れているかどうか、こちらが店にはいるときの一瞬の振る舞いをみれば判断できるのだから）。しかも暗くなってレストランにいこうにも、フランスの夕食というのは基本的に八時か九時にはじまるということである。私にはそのことがさっぱりわからなかった。秋なので夕方にはすでに暗い。しかしいわゆるアメリカナイズされたランチから連続で営業している（セルヴィス・コンティニュ）チェーン店の類いでないならば、秋の暗くなりかけの時間に晩ご飯を食べる者など誰もいない。私も意を決してあるレストランにはいってみたが、相手にしてみればフランス語の覚束ない日本人がひとりできて何かもごもごいうだけである。もちろん店に悪気はないが、まだ晩飯の時間ではなく、なかなか対応してくれない。こっちはとにかく心細い。そもそも周りに誰もいないし、店自身やっているのかどうかわからない。こりゃダメだとおもって店をでてほとほと参った。フランス初日か二日目のことである。

実際、フランスでは夕飯は、徹底して八時か九時である。他人の家に招かれるときもそうである（日本的にいえばそんなに遅く他人の家を訪問していいのかとすらおもう時間である）。のちに留学したとき、両親がきて観光地に連れていったが、それでもホテルのレストランは開くのが八時過ぎなのである。だがそれなりの年齢の両親はさっさと夕飯を食べたがる。日本的習慣でいえば当たり前である。しかしレストランにシェフはいない。こんな早い時間に出勤なんかしませんよと、夕方七時あたりでも当然いわれる。

この理由は、夏にフランスにいけば理解できなくもない。日本より高緯度にあり、なおかつ夏時間採用のフランスでは、本当に夏の夕方の六時は真昼なのである。夏至の頃は九時でもまだ燦々と日が照っている。どう考えても緯度と環境の関係で夕食の時間が決まっているわけであり、食べるということは、そもそも環境との相関性が強いということがわかる（日本はとりわけ明石標準時を採用しているために、大阪は比較的正常だが、東京の日の出と日没は、そして東日本の食事時間も、私にはいずれもあまりに早いようにおもえる。ただ東京中心化で、それが日本人の意識を決定しているのでやむをえないのだが)。

しかしである。ある程度はフランス語ができる単身旅行者は、大抵そのうちパンやチーズや総菜を買うことを覚え、ワインかビールと一緒にそれをホテルで食べればよい、それで実際充分だということを理解してくる。フランスはある意味では徹底してリベラルな個人主義の国であるが、ひとりでものを食べることについては(繰り返すが、増大するアメリカ型チェーン店やカフェをのぞいては)けっこうハードルが高く、かつ時間設定も厳格である。他方で食料品は色とりどりに膨大に売られているので買い物も楽しいし、何しろそのほうが安くつく。

そして四、五日たつと、ふとあることに気がつく。確かにフランスは美食の国である。私は文化としてのフランス料理も大抵は好きである。しかしながら、ここでの基本的な食生活はパンとサラダとワインと肉(ハム・ソーセージを含む)なのである。もちろんそれらは文句もなく美味しい。だが、基本的に、こうしたサンドウィッチのような食事を繰り返していると、どうにも飽きがきてしまう。そして周りをみてみると、不思議なことにヨーロッパの留学生たるや、昼も夜もパンにチーズとハムを挟んだだけで食事をしている。これは何かがおかしいのではとアジア人はおもうようになる。総菜はいろいろあるから、ヴァリエーションは確かにたもてる。だが、どこかひもじさを覚えてしまうことも確かなのである。そう、ひもじいのである。

「味」の衝撃

　ところがある日、時代的には一九九〇年代の真ん中で、アメリカ化が進行していたとはいえ、いまだフランス的な色彩が強固であったモンパルナスで、私はある衝撃的な体験をすることになる。モンパルナスのホテルの横に、アラブのクスクス料理屋というものがあることにふと気づき、それがどうにもはいりづらい感じのレストランなのだが、そのはいりづらさはいわゆるフランス的なレストランの高級感とは別物なので（おわかりいただけるだろうか。扉が布で覆われており、あまりなかの仕組みがみえず、しかしアラブ音楽が流れてくるといった感じである）、われながら相当な決断をもって扉をひらいた。繰り返すが衝撃的であった。

　そこで食べたのはクスクスというものである。日本にもクスクス料理というものが一部輸入されているが、本場アルジェリアやモロッコの、旧フランス植民地から移動してきたであろう「ローカル」な連中が食しているクスクスなるものは、日本では到底食べることができない質と量がある。クスクス自身は、一見すると米の仲間かとおもえるような小麦を粒にしたもののことであるが、それにこれでもかというほどの野菜煮込みシチューと肉が同時にでてきて、それを一緒くたにして食べる。ともあれそれを口にいれて私は驚嘆した。なぜかといえば味があるのである。フランス料理に味がないというのではない。香辛料を使っていないというのではない。だが、アラブ料理を口にいれ、その濃厚な味わいを知ってしまうと、それまで一週間近く食べつづけてきたパンとチーズとワインによって形成されるヨーロッパの料理とはまるで異質な世界がそこにあり、そして驚くことに自分はアラブ料理のほうに「きわめて近い何か」をもっていることがありありとわかるのである。もちろん私が本来的な意味でのアラブ料理を口にしたのはそれが初めてのことである。しかし、それにもかかわらず、それが「われわれのものだ」という感覚は、味覚にとって、いうまでもなく絶対的で否定しがたいものであったのだ。

もちろんこの経験は、パン食と、おおよそ冷えたものでしかない（温かいものはブイヨンか何かのインスタントスープ類だけである）留学生風の食事に飽きたということで、だいぶ誇張されているかもしれない。

だが、アラブ料理圏は地中海料理圏として、まさにオリエンタルな拡がりをもち、その味覚の設定は、一面では香辛料の文化であるインド圏にも、それを越えて東アジアとも強くむすびついている。フランス料理が世界の料理地図のなかで優勢を誇るのは、ある種こうしたオリエントや地中海の文化を、イタリア宮廷料理を通じて輸入し、昇華したからだということはよくいわれている。だがたんなる単独旅行者である私には、そうした混合が昇華されたフランス料理本体には近づけず、もっと基底にあるヨーロッパ性だけが飛びこんできたということなのだろう。

こうしたヨーロッパ的な「味気ない」食事のありようは、フランスより北方にいくにしたがってますます強いものとなる。それはアメリカ的なものが繁茂する、現在の食のグローバル化のひとつの根底でもある、コクと旨みを減らし、単調な味つけですまし、すべてを簡素化した食の世界にほかならない。

それに対して地中海オリエントから南アジア、東アジア地域においては、何においても旨みと味こそが料理の中心なのである。そのなかで、多種多様なヴァリエーションがみいだされることはもちろんのことである。フランスであの状況におかれたからこそ、私はアラブのクスクスを「われわれの」料理であると理解した。だが冷静に考えると、そこでの羊肉の臭みは、日本で育った私のものではない。ところが中華や韓国料理が現れれば、むしろこれはいかに油を使っていようがいかに唐辛子の辛さを痛感しようが、いっそう同類だと直感的におもえてしまうのである（大韓航空を使ってソウル経由で日本に戻る途中のインチョン空港で韓国料理を口にすれば、あるいはアメリカの片田舎で中華料理屋をみつければ、われわれはいかんともしがたく東アジア人であり、それ以外の何ものにもなりえないことが瞬時にわかる）。

料理（cuisine）とは何なのか

おそらく「料理（cuisine）」というものはひとつしかない。それは、コクや旨みを軸に形成されたものである。

ただそれは、実はヨーロッパの一部の地域にとってはけっしてうけいれられない料理の仕方なのである。オリエント／オクシデントという料理の有徴／無徴という差異線がひかれうる。無徴の国に何もないわけではない。イギリスで美味しいものを食べたいといえばインド料理屋に連れていかれ、アメリカで同様のことをきけばタイカレーかメキシコ料理（これは地中海世界をとりこんでいる）を食べにいくのが定番である。中華街が世界中を席巻しているのはいうまでもないし、これはやはり世界の料理の代表格なのだ。

しかし、移民街とともに閉じた印象をうける中華料理に対し、近年においては日本の「スシ」（それは「寿司」ではなく、あくまでも「スシ」である）の展開はものすごい（これは冷凍技術の進展にしたがって安全な生魚がある程度食べられるようになったことが要因だとはおもうが、同時に生のものと醤油という特殊な調味料との配合の妙のなせる業でもある）。パリのあちこちに、おそらくはインドシナ系移民が経営するスシ屋があり、ロンドンでは、プレタ・マンジェ（これはロンドンのチェーン店であるが、フランス語であることに注意すべきである）のなかではスシは必ず販売され、アメリカではカリフォルニアロールこそがスシになってしまっている。それは日本の江戸前寿司や大阪の押し寿司ではないにせよ、「現地化」した「スシ」であることは確かである。かくしてこうした料理は、全世界へと伝播する。

ところが、である。私の観察のかぎりにおいて、これらの料理は、無徴の国にとってやはり「外来」のものなのだ。基本は無徴であるとしかいえないヨーロッパ料理はきわめて味気ない。この点、両者の境界線にあるフランスだけは事情が違う。フランスはその両者を自らの料理の中核にとりいれ、さまざまな創作を延々と試みつづけている。それは当然のことながら、原初において地中海料理の影響をうけ、イスラムを含むオリエントとヨーロッパにつなぐ地勢的位置にあったこの国の宿命なのだろう。

さてここに、先ほどあげた東洋や、あるいはそれ自身かなりの独立性をもったロシア東欧地域はどう配置されるのか（ロシアはまた独特の食文化の多様性を誇っている）。植民地化されながらも、料理という点では欧米に逆文化侵略をなしつづけ、近代の食生活に別種の味をもちこんだ、上記以外の他の地域はどうなのか（アメリカでいちばん料理が旨いのはニューオーリンズで、もともとフランス領であるうえに、地元や南方からの食材が混じったケイジャン料理が形成されているからであるが、そこでは被侵略地やカリブ地方の味がどうあっても育まれている）など、考えるべきことはおおい。

だが料理とは何か、ということを考えたときに、私は、最初にパリを訪れたときのあのパン食のアウェイ感と、アラブ料理に接してしまったときのすさまじいまでの「驚き」を忘却することは不可能である。遠くユーラシア大陸の東の果てで育った私は、その西の果てからアフリカに延びるある領域の人々の食する料理ときわめて「近い」ところにいるのだということを、ほぼ絶対的な感覚としてもっている。

食べる様式と料理の技法

さて、ここまでで論じてきたことをまとめよう。ここで示せるのは上述したような私の乏しい経験からの推論であるが、それでも食にはさまざまなテーマが伏在していることがわかる。

第一に、食は人間の生存にとって、いかなる場所でもいかなるときにでも不可欠なことである。ただその方法にはそれぞれの流儀があり、それ自身はかなり厳格であるということである。

フランスを例にとったが、スペイン文化圏の数時間にわたる昼食と昼寝（シエスタ）を軸とするスタイルを考えてもよいだろう。同時に、中国や東南アジア文化圏での屋台での外食を主流とする文化を想定してもよいだろう（同僚の教員からきいたところ、タイでは家で食事はつくらないので、建て売り住宅ではキッチンがそもそも「ない」そうである）。日本と朝鮮料理がいかに類似しているとはいえ、食器を手にもってはいけないというのは慣れるのに時間がかかる。そして現代的なネオリベラル社会に繁茂するファストフード型の素っ気ない食事も、そもそもはその根源にあったアングロサクソン的な食習慣の変形版ととらえられもするだろう。

いずれにせよ食事は、人間にとって不可欠な行為であるがゆえに、その行為にはある規範が含まれる。これは外すことができない。海外にいけば、ほとんどのひとが戸惑うのは、食べることの様式が、自分が当然とおもっているそれと異なっており、なおかつ相当に頑固であるということである。

そして第二に、世のなかには、ある種の料理の技法というものがある。一方でコクや味や旨みを中心におく文化というものがあり、そうでない文化というものがあるということである。そうでない文化の代表がイギリスとアメリカであり、繰り返すがこれらの国は植民地化の成果としてオリエントの味を導入するのだが、どうも観察するに、食の概念そのものにまではいりこんでいない。文化の基底というものはかくも頑迷であるというのは、いささか驚くべきことだともおもう。

さて、こうしたことを書くと、食にも文化多様性があって、その歴史性があってというあまりに普通のはなしになってしまうのだが（それが一面の真実であることも確かだが）、本書の最初に記したように、それは単純に文化だけの問題なのではない。明らかに食べ方の問題は、パリでの日照時間をとりあげて考えたように、自然や環境のなかでの食の問題である。これは環境を都市という空間にまで拡大したときに、そこでのさまざまな食べ方（カップルか、屋台か、家庭を基本とするか）にまでつながる環境的な問題なのである。このことをまずは押さえなければならない。

そして料理の東／西という問題があるが、これもまた民族性の問題というよりは、そもそも料理がいかにしても食材の供給、コストを低く食材を手にいれることと相関関係にあるがゆえのものだろう。だからこれは、食べることとは何かという思想の問題であると同時に、やはりアラブ・インド・中華という、熱帯・温帯域であるがゆえに、豊富な食料や香辛料や、あるいは料理に深みをもたらすさまざまな調理が可能であった場所と、そうでない地域との環境の差異であるともいえる。

料理について考えるとき、ここではあくまでも文化と自然という二つのあり方のぶつかりあいという観点からとらえていきたい。食を考えるときに文化だけを考えてもダメである。それがきわどくわれわれの生物学的な本性に関連している位相をえぐらなければならない。だがまずはこのためにも、食べるリズムや食べ方の問題に加え、料理そのもののあり方を描いてみたい。

ここでまずはレヴィ＝ストロースに登場していただくことになる。

自然と文化を調停する神話とレヴィ＝ストロース

料理の分類を考えるときに、必ずとりあげられるモデルとして、レヴィ＝ストロースの料理の三角形がある。

レヴィ＝ストロースは、二〇世紀のフランスの思想家で、最初は哲学を志すものの、途中からアマゾンや北米を中心とした人類学の研究に移行し、構造主義といわれる一潮流のなかで中心人物として活躍した。その影響は人類学のみならずおおきく思想界全体におよんでいる。自身の民族誌的な紀行文の面持ちがある『悲しき熱帯』や、厳密な意味での模範的な構造主義の著作といわれる『親族の基本構造』などで知られるが、途中から壮大な『神話論理』を著し、神話的世界のあり方を、人間の自然と文化の調停を描くものとしてとらえ直した功績はあまりにおおきい。彼自身きわめて長寿であり一〇〇歳まで生きた。それゆえだとはいい切れないが、二〇世紀のさまざまな思想家たちに比べても、その自然と文化をめぐる独自の思想性は、今世紀のさまざまな状況においてなお参照されつづけているという点で特異でもある。

もちろん人類学者としては、親族や神話の研究をおこなったことが、彼のもっとも重要な業績であるのだが、同時に、構造主義の形成過程において、言語や詩についても言及し、そのなかで料理もひとつの重大なテーマになっている。

いわゆるレヴィ＝ストロースの「料理の三角形」は、さほど明示的に示されるモデルではないのだが、実際には、『神話論理』の長大な展開のなかで、さまざまなかたちで変形されつつ用いられており、料理と神話の類型性もさることながら、自然を調理するかぎりでの「料理(cuisine)」のあり方を考えるおおきなポイントになっている。すでにのべたが『神話論理』も、各巻の題名をみれば『生のものと火を通したもの』『食卓作法の起源』など、食との関連が(言葉遊びの部分があるとはいえ)きわめて強い。

これは別の側面からいえば、序でのべておいたような性というテーマとのかかわりをも喚起するものである。というのも、レヴィ＝ストロースにとって初期の研究対象であった親族の基本構造という主題は、それ自身が性にかかわるものであり、それは人類という存在者にとって決定的とみなされる「インセストタブー」(近親相姦のタブー)を軸としたものだからである。これが食において問題となるであろう「カニバリズムタブー」と一種の平行性をなしていることには着目せざるをえない。この点についてはこの章の最後の部分で触れることとしたい。

そして、この主題群に神話も加わってくる。レヴィ＝ストロースの神話分析は、おもな資料は南北アメリカであるとしても、神話の世界においては、人間は動物と婚姻をし、理不尽な自然の力に対抗し、その混交のなかで、人間は自然を自らの文化のなかに組みこんでいく（いわば理不尽さを納得する）。したがってそれは、人間としてこの世界に産まれた者が、自然という事象に対し、いかに対抗戦略を形成するかについての論理であり、また構想でもある。古代日本神話も同様であり、ワニとの婚姻や、動物との関連が強い出雲系の神話などは、まさしく自然のなかの一生物としてある種の秩序をつくりだし、それを自身のシステムに体制化する論理が示されているといえる。だから神話の内容はいかに荒唐無稽にみえようが、きわめて戦略的な論理に貫かれている。

これら自身が、料理とやはり平行的な関係になっているといえる。

食べるというのは、生きるものを殺して食べることだということを論じたが、それに先だって考えるべきことは、料理という行為自身が、生命も含む自然への働きかけにほかならないということである。料理自身が自然と文化の矛盾を統合するのである。神話論の文脈に料理の三角形が、半ば遊び心をもって組みこまれることは、けっしてどうでもいいことではなく、まさしく食べるということにかかわる本質的な部分に連関した事態なのである。

料理の三角形

さて、料理の三角形についてみてみよう。ダイレクトにこれをあつかっている短いレヴィ＝ス

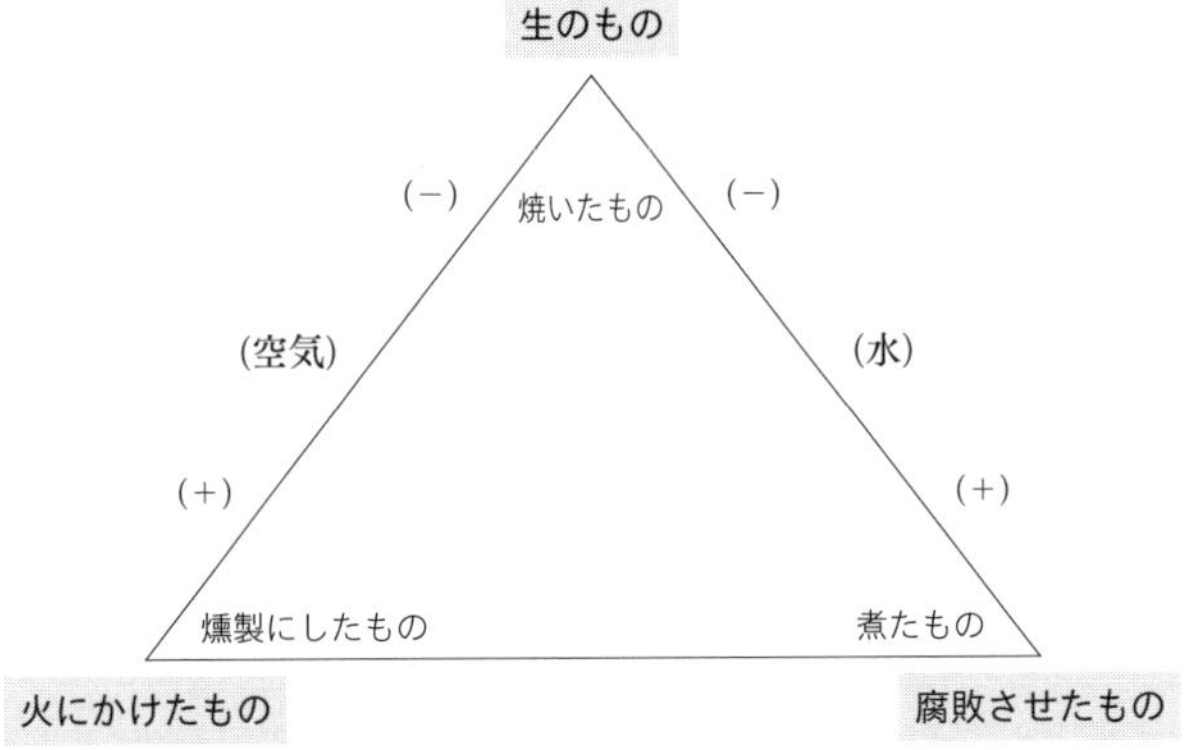

料理の三角形

トロースの論文が一本だけある。それは、みすず書房から刊行されている論文集『レヴィ＝ストロースの世界』に所収の、彼自身が執筆した「料理の三角形」という論考である。

　繰り返すが、料理の三角形の記述は、この論考と同時進行で進められた『神話論理』と折りかさなるものであり、なおかつ、この論考でもはじめに言語のうえでの音韻対立がとりあげられているように、これ自身が、構造主義の技法をローマン・ヤコブソン（モスクワ生まれ。チェコで研究をおこない、特異な音韻論的構造主義を形成した。ともにニューヨークでであい、相互に方法論的に刺激を与えるとともに、フランスの詩人ボードレールの詩にかんする共作などもある）から学び、それを応用したものでもある。言語や詩は、身体を使った音という自然の音声をもちいつつ、それをまさに文化的人間的に解釈される差異をもたらすことにより、ある種の感性的「料理」にも例えられることなど、この（言語と料理の）二つには強い相関性がある。

また、とはいえここでのレヴィ=ストロースの分析は、けっしてフランスやヨーロッパに偏ったものではなく、まさに人類学者らしく、ニューカレドニアや北米の先住民をとりあげながら、それをディドロやダランベールの『百科全書』（フランス啓蒙思想のなかで重要とされた著作）や、ブリヤ・サヴァラン（一八世紀から一九世紀の人物で美食にかんする書物『美味礼讃』を出版した）などにダイレクトにつなげる縦横無尽さをそなえている。

さて、前置きはともあれ、まずレヴィ=ストロースの料理の三角形からみてみよう。それは三つの頂点から構成されている。

三角形の上部の頂点には、「生のもの」がおかれている。これは自然と文化という二区分でいえば、当然に自然の側に設定される軸である。これに向かうように二つの対立点が、文化の側としておかれることになる。それは、「火にかけたもの」と、「腐敗させたもの」である（実はこの言葉はさまざまに翻訳されており、みすず書房の『神話論理』での各巻でも統一されていないというありさまであるのだが、一応ここでは、このように設定しておく）。

火にかけたものには、以下にのべるように、「燻製」が含まれる。これに対して、「腐敗」には、「煮る」「発酵させる」という、これも普遍的な料理法が該当する。いずれにせよ腐敗には、深く発酵という問題がからんでおり、人間的な意味での味や旨みとは、この腐敗という現象におおきくかかわっていると私は解したい。また単純に焼くことは生のものの側におかれている。

さて、「生のもの」が自然の側におかれ、「火にかけたもの」と「腐敗させたもの」が文化の側に設定されるのは、それ自身ある意味で自明であるだろう。レヴィ＝ストロースはそこで、後の二者の差異は、それに関与する自然の要素に依存すると説明する。

前者の「火にかけたもの」は、まさに「燻製」というあり方が示すように、「空気」という要素が深くからんでいるとされる。火にかけること自身、自然の調理法における、空気と食物との急激な化学反応（炭化）であり、燻製は時間をかけたその進行であるのだから、これはうなずけることでもある。

後者の「腐ったもの」に関与する要素とは、まさしく「水」である。これは煮る、という行為がこちらに分類されているがゆえによく理解できることでもあるが、さらにいえば煮ることは、燻製と同様の時間をかけながら、「腐敗」させることでもある。それは水との化学反応による、素材の分解や解体そのものであり、それによる味や保存性の向上である。

これらはともに、自然に対する文化の場面を描くものであるが、もちろんこの二者が単純に文化の側にあるわけではない。逆にいえば当然、生のものも、単純に自然なものではない。日本食の刺身を考えれば、それはよくわかることだ（そこには精緻な文化の工夫がはいっている）。そして、空気と水という二つの要素を混在させながら事態を分析しているレヴィ＝ストロースは、文化の側に配置される二者にかんしてもつぎのように論じ、そこには複雑な事情がからんでいることを示唆する。

《自然》と《文化》の間の境界線は、《空気》の軸か、または《水》の軸に平行しているのだろうと想像されるところだが、手段に関しては、《焼いたもの》と《燻製にしたもの》を《自然》の側に置き、そして《煮たもの》を《文化》の側に置いており、また結果に関しては、《燻製にしたもの》を《文化》の側に、《焼いたもの》と《煮たもの》を《自然》の側に置いているのである。

（『レヴィ＝ストロースの世界』みすず書房所収、「料理の三角形」西江雅之訳、六〇頁）

ただし、この両者がまったく相対的なものと解されるべきことはいうまでもないだろう。燻製は、ある種の時間をかけるが、しかしながらそれは確かに文化という手段をもちいる。そして煮たもの、長時間煮ること、そのなかで腐敗させること（このなかに数々の発酵食品が含まれると私は考えたい）、それらはまさに文化であるが、それは長い時間をかけた自然のコントロールであるのだから、どこまでも結果として自然が介入する（腐敗させるのはあくまでも自然をである）。

さらにレヴィ＝ストロースは、ここで「フライ」（揚げたもの）という軸にも言及している。それは、空気と水のあいだに、油の軸を加えて成立するものである。フライは現今のヨーロッパ料理から、アジア中華圏、そして日本の天ぷらにいたるまで——その起源は南蛮料理であったであろうが——おおきな役割を果たしている。余談であるが日本の料理評論家玉村豊男は、このレヴィ＝ストロースの示唆をうけてでもあろうか、ここに揚げたものという軸を加え、料理の四面体を描きだしてもいる。

こうした分析を細々とつづけることはいくらでも可能だろう。ともあれ、ここで示した料理の三角形は、自然／文化という二つの領域において、火と水という、まさにギリシアの自然哲学におけるる世界のエレメントとでもいえるものをもちい、自然の調理としての料理を描いているのである。

ただし、レヴィ＝ストロースも、この図式が料理のすべてを包括しているわけではないこと、いわばこれは、料理という現象の「共時態」（ある時点の一断面を切りとっただけのもの）をあつかっているにすぎないと認めてもいる。彼自身、この論考の最後の部分で、これを「通時態」（時間の流れのなかで動き、また変化していく秩序）へと展開し、たんに料理そのものにとどまらない作法のあり方、「例えば食事の順序、出し方、振る舞い方」、あるいはこれらの「社会学的、経済学的、美学的、宗教的」、さらには「男と女、家族と社会、街と藪地、節約と浪費、貴族と平民、聖と俗」という方向性へも延長させていくべきことを描きだしてもいる。だがここでは、こうした欠落があることは理解したうえで、とはいえ料理を論じるとき確かな素材となりうるものとして、この三角形について、いくらかの注記をなしておきたい。やはりこの三角形は、料理の思考にとって欠かせないものであるからだ。

腐敗こそ文化である

レヴィ=ストロースは、料理の分類として、生のもの、火にかけたもの、腐敗したものを三つの類型としてとりだした。そしてこれを、自然と文化という交点におけるさまざまな錯綜のもとにおいたのである。

こうした図式は、一般的にもそうであるが、いかに普遍へと適応していくかが、その利用の鍵となる。ただたんに、この図式を真にうけるだけでなく、応用を含んだ読み替えを、レヴィ=ストロースの継承者がなしていくことが重要なはずである。

たとえば燻製という事態を、空気との関係において、焼くことと関連させるのはよくわかる。だが、一般的にいえば、ここでも蒸す、あるいは変質させるということがポイントになるはずである。燻製とは、肉食文化では当然ながら保存と深くからまっている。それを考えればこれは腐敗という事情とクロスしないとはおもえない。これらを踏まえれば、私には単純に、「腐敗」の軸が、より端的に文化的な側を象徴するようにとらえてもいいのではないかとさえおもえる。それはレヴィ=ストロースの正当な理解ではないかもしれないが、生のものの裏面にある焼くことだけではあまりに単純なのである。「料理（cuisine）」というあり方をとるためには、むしろ「腐敗」の軸、そこで示される「発酵」という事態がきわめて重要である。それとの対比でいえば、焼くことはあまりに単純で、それこそアングロサクソン的な「無徴」の料理をおもわせる（まさにアングロサクソンの料理でなき料理、ステーキなるものがアタマのなかに浮かんでしまう）。

さて、ここでは腐敗について少し焦点化してみたい。腐敗は、発酵食品を形成する前提となるものである。世のなかにはさまざまな発酵食品があるが、それは一面ではまさに腐ったものにほかならない。日本における例をとっても、くさやの干物や、滋賀県の鮒《ふな》寿司に代表されるなれ寿司は極端であるとしても、大抵の味のあるものは腐敗の軸に配置される。味噌や醬油、それに納豆という、大豆文化によって成立する多くの食品は、ほぼ腐敗したものである。キムチやさまざまな漬け物を包括するならば、東アジア世界では相当に広まったこれらの腐敗の力は、インドから中近東のアラブ社会においてはむしろ香辛料の力にとってかわられているのかもしれない。だが、そこでもヨーグルト的なものは料理に欠かすことはできないし、重要なものはやはり「煮る」という行為なのである。

フランスで考えれば、いうまでもなくこの代表例はチーズであるだろう。チーズそのものは牛や山羊のミルクから形成されるが、特別なカビをもちいて発酵させることにより、独自の食品を産みだしていく（その一部は、日本のなれ寿司のように、到底匂いをかぐことすら不可能な腐臭を放っているが、それこそが最高級品とされるのである）。そうした腐敗のためには、ローカルな土地にさまざまに蓄積されたテクノロジーが必要である。フランスのチーズはまさに、ワインと同様に、それぞれの地域の味を強く押しだす代表例である。

また、人間の食事にとっておそらくいちばん原初的なものはアルコールであっただろう。これはまさに米や麦、あるいはブドウや林檎といったものを、水という要素を加えたりさしひいたりすることで腐敗させたものであり、きわめて高度な文化継承をもっていることはいうまでもない。地中海地域でワイン文化が形成されたのは、一面では森林面積が少ない岩肌の大地で、そもそも衛生的な自然水を手にいれることが困難であったという事情はあるだろう。だがアルコールが、相当に古い起源をもったものであることはいうまでもない（その原初的な例かどうかわからないが、口嚙み酒として人間の唾液で発酵させる酒はおそらくはかなり古来のものである。日本でも宗教儀礼との関連において存在したし、南米の部族などの風習にも同様の事例が観察できる）。

実際のところ、火にかけることと腐敗させることとの対比とは、端的にいえば、空気と火という反応の「直接性／時間的な短さ」と、水と煮るという事象の「時間的な長さ」が影響しているとおもわれる（この意味でも燻製は腐敗に近い事例ではないかとおもわれる）。腐敗による食品は、数日で作成されるものもあるが、数年におよぶ時間コントロールが必要なことがおおい。それに対して、生のものの裏面にある焼くことはより直接的な事例である。それゆえ私には、あくまでも腐敗こそが文化的なものとおもえてしまうのである。

生のものそのものについてはどうだろうか。もちろん人間は、当初は生のものをそのまま食べていただろう。生のものを食べるのは、もとより食中毒や寄生虫などの問題がおおきいため、主食の分野ではさほど拡がってはいない。だが、そこでも、刺身はいうにおよばず、タルタル系の肉食がおおきく分布していることをどう考えるかは問題であるだろう。レヴィ=ストロース自身も、最近のフランス料理に侵食してきたイタリア料理という表現で、生のものをとりあげている。ただ、それらが果実や野菜であるならば、ドレッシングなどの味つけが加わるとはいえ、少し話題がずれているかもしれない。生のものが主食化されるときは、醬油やタルタルソースなどのような味つけが当然に必要でそこには文化のあり方が（やはり腐敗として）連関する。またサラダやデザートを考えるのであれば、それは食事全体のなかでの配置の問題になり、ひとつの料理というよりは、食事の作法全体のはなしになっていく。

レヴィ=ストロースの料理の三角形は、こうしたかたちで縦横無尽に展開させてもよいものとおもわれる。この三角形において、私が際だたせたいもっとも微細な文化性が関与する「腐敗」については、第六章において、「人間は毒を喰う」という観点からより深く検討したい。

自然を文化に統合する言語と料理

さて、こうした三角形の図式が、自然と文化の境界を描きつつ、空気と水という要素と連関していることはすでにのべた。そしてこうしたレヴィ=ストロースの発想がそもそもヤコブソンの構造主義言語学からの借用である点も示しておいた通りである。この点について、少しだけ補足的に語ってみよう。

レヴィ=ストロースのこうした発想は、何度ものべているように、最終的には神話の構造というあり方にいきつくのだが、そのあいだにレヴィ=ストロースがさまざまな事例を検討しつつ、ひとつの例として料理をとりあげているのは、実際には大変意味のあることだとおもう。それはいうまでもなく料理は自然の加工だからであり、まさに人間に与えられた自然の所与を、文化的な枠組みに落としこむ方法だからである。

この点で言語と料理との関連は明瞭である。

言語が音声からはじまっているのは当然である。それは当初は、動物のうなり、霊長類の注意を促す音声や怒りの表出などとの関連があったことに間違いはない。だが、人間がコミュニケーションの複雑な手段としての言語を、喉をふるわせて発する音の区分によっておこなうのは、いわばたんなる偶然の産物であるともいえる。つまりそれには生物学的な意味はほぼ何もない（手の指の働きが細分化し、それが精緻な働きをなすことで文字が形成されたのは、自然史的にいえばもっと偶然性が強いといえるが、それは高度な人間の文明の基盤をなしている）。ただし人間は、自然が意図してはいなかったものを、まさに偶発的な組みあわせによって（レヴィ=ストロースがまさしく、「日曜大工=ブリコラージュ」という言葉で示すような、さまざまな材料のありあわせのむすびつけによって）可能にするというのは事実である。

喉の音声の切り分けがいかに微細なものであるかは、もともと喉がさしたる巧妙な音声をつくるのに適した器官ではないことを考えればむしろ驚くべきことである。誰もが、ネイティヴでないひとのイントネーションや発音の微かなズレをききとってしまう。同一言語のなかの方言であればなおさらだ。関西人でない人間が迂闊に関西弁の真似をしたところで、ただちに偽物だと露呈してしまうことはあまりに有名である。たんなる物理音としていえばほとんど違いのないところに、有意な差異をみわけるのが人間の言語の本質的な中身をなしている。

料理についていては、いささか異なる点があるとはいえ、そもそも自然にある種の細工を加え、そこに人間的な価値、おもにはそれぞれの土地で異なった味や風習を付加していくという点においては同様である。もちろん、人間も、もともとは東アフリカのサバンナで発生した雑食性の霊長類であった以上、ある程度「何を食べるか」は、あらかじめ自然の決まりにしたがっていたのかもしれない。とはいえ、現在の人間がさまざまなルートを辿りながらほぼ世界中に散らばっていくなかで、その雑食性を有利に働かせ、さまざまなものを口にするようになる。あたかも、その分散の過程において、人間がさまざまな言語を、もちろん相互に混じりあいながらも語るように、さまざまな料理の技法を生みだしていく。

食は文化的なものだけではない

しかしレヴィ=ストロース的な三角形が示唆するのは、そこでの「さまざまな」という仕方が必ずしも無作為になされるわけではないということである。言語の場合をとっても、どうしたところで人間の喉をふるわせ舌を使った音の調整には限界がある。その限界こそが人間的な自然であるだろう。そのなかで特定の構造（レヴィ=ストロースは言語にかんしては、密と疎、開と閉、鋭と鈍という三つの対比をもちいている）にしたがいつつ、自然の音を調律する。

　料理についてもことは同じだろう。さまざまな環境のなかでそれぞれの場面に即した食材を手にいれなければならない人間は、しかしそれを調理する仕方において無限のヴァリエーションをもっているわけではない。そのまま食べるか、火にかけるか、腐らせる。生で食べられるものはそれでよいし、単純に焼くことも同様だ。火にかけることには燻《いぶ》すという作法が含まれ、腐らせることには、すでにのべたような実にさまざまな技法がある。しかし大抵は、人間はそれらを組みあわせることによって料理をおこなう。そうして自然を文化で包摂していくのである。自然をもちいながら切れ目をつくり、あるいは対立点を際だたせ、それによって文化という仕方のなかに包摂していくことによって、言語においても食においても共通したシステムをかたちづくるのである。言語の差異が明確になるように、誰もがそこでは、自分が属している文化の味を瞬時に感じとる。私がモンパルナスのレストランで、アラブ料理のなかにヨーロッパには根本的に欠落しているアジア的な味覚の片鱗を、いかようにも否定しがたい仕方で感じとったように。

　だから注意しなければならないのは、食は文化的なものであるだけではなく、必ず自然と相関関係にあるということである。もちろんそれは、どこかで文化によって決定されている部分がある。食においては、これは言語よりも性の事例に近いが、さまざまな度あいのタブーがあり、そうしたタブーの存在こそが、人間の多様性を支えているようにみえる。だが、それもまたすっかり文化によって規定されることはありえない。食の多様性を語るときに、ひとは容易にそれを文化によってとらえてしまう。しかしそうした文化そのものも、おおもとでは、ある自然と連関した構造的な枠組みの内のものでしかない。レヴィ＝ストロースの料理の三角形は、人間が食べるというあり方を考えるとき、実はおもったほどの多様性を分類できるわけではないということを示すものでもある。

このことを極限的な仕方で露呈するのは、次章で論じるタブーの「下限」とでもいうべき問題である。自然に対する文化の包摂であるところの料理においても、それが踏みこむことのできないあるポイントがある。性においては、インセスト（近親相姦）の忌避がある。神話時代から存在するであろうこのタブーは、食においてはまさにカニバリズム（人食）のタブーに対応する。このタブーが文化であるのか自然であるのか、このことにはさまざまな議論があるはずだ。ただあらゆる差異、あらゆる文化が、こうした「下限」としてのタブーを想定していることは、それが必ずしも文化の恣意性には還元されえない自然的条件であることを示してもいる。レヴィ＝ストロースの描く構造の三角形が、それとして文化的なものとはいえず、むしろそれによって文化が決定されてくる何ものかであるのと同じように。

第二章　カニバリズムの忌避——法の外のタブー

サバンナの映像をみる私の視点

さて、これまで人間がものを食べるあり方を論じてみた。ここから先は、人間は何を食べるのかという問いに向かいたい。そのとき、人間は何を食べないのかが当然のように、逆さまの問いとして浮かびあがってくる。

もう四半世紀前になるであろうか、ＮＨＫの月曜の夜八時から『生きもの地球紀行』という番組が放映されていた。私も、子供たちが幼かったので、ほぼ毎週一緒にみていた。この手の自然番組というのはＮＨＫにとって定番で、現在も『ダーウィンが来た！』につながっているが、後者は奇妙な生物種や、生態系の面白さをあつかう色彩が強く、前者は、撮影技術もあるのだろうが、どちらかといえば長時間かけた現地取材のようなかたちで、野生の自然そのままをみせるという色合いが強かったようにおもえる。

それで、これは批判でも何でもないのだが、子供たちとともに『生きもの地球紀行』をみていると、突然自分の（みている私の、あるいはそれをみせている子供たちの）視点がどこにあるのだろうかと不思議な感覚に襲われることがあった。

たとえばアフリカのサバンナの日常の光景を想定してみる。そこにはおなかをすかせたライオンの母子がいる。すでに何日も何も食べておらず、ただひたすらひもじそうな様子だ。だが、そこで群れからはぐれた（あるいは群れのなかでもっとも体力をなくした）シマウマが、うろうろしている。母ライオンは、ここぞとばかりにそのシマウマを文字どおり襲い咬み殺す。あとはおわかりのように、肉の凄惨な晩餐だ。まだ生きて動いているシマウマをライオンは柔らかい内臓から喰らいつくす。子供のライオンたちは歓喜しつつその周りを巡り、久々のおこぼれに与《あず》かる。それと同時に、敏感に血の匂いを察した鳥類が（ハゲタカであろうか）方々からやってくる。シマウマはさまざまな獣や鳥により、骨になるまでしゃぶりつくされるというわけである。

別の場面で考えてみよう。初夏のよくある光景だが、日の出間際に土から半透明状のセミの幼虫が、成虫へと脱皮するために地上に這いでてくる。適当な樹をみつけ、日の出までに自分の場所を確保し、成虫になるまでが鍵だ。そこまで七年なり何なりの、長い年月を土のなかで過ごしていたことをわれわれは知っている。ところが鳥が一羽飛んできて、いまにも樹に登ろうとする半透明の幼虫をひょいと食べていってしまう。

こうした映像や事態を目の当たりにするときに、私はどちらの立場にたつのだろうか。いや、どっち（捕食者／被捕食者）という区分けそのものに意味がないのだろうか。普通テレビをみるときには、私自身はどこか遠くの別の世界におり、その光景と無関係な観察者の立場に自身をおいている。だがそれは正当なのだろうか。

生きたまま喰われるシマウマの痛み

もちろん私や私の子供たちは、おなかをすかせたひもじいライオンの子供に共鳴し、それと同一化することもできる。野生獣であっても幼い生き物である。彼ら自身がつねに死に瀕していることは周知のことだ。ライオンだろうが何だろうが、サバンナの野生で産まれた幼獣が大人になるのは並大抵のことではなく、別の捕食者に喰われたり、体力がなくなって死んだりすることなどいわば日常茶飯事だろう。だからこの場合私は、容易にライオンの子供に共鳴することができる。久々に食べ物にありつけてよかったねと。

しかしながら喰われるシマウマはたまったものではない。NHKの映像は抑制がきいているというよりも、どこかしら残酷であるそのシーンをそのままみせるということがかつては多かったとおもう（繰り返すがこれは批判ではないし、それがよい／悪いということをいいたいのではない）。そこではいかんともしがたく喰われるシマウマの痛みがそのまま伝わってくる。生きながら喰われるのだ。

私の大学の同僚の若いニホンザル研究者がきかせてくれたことには、野生のニホンザルの普通の死に方は、つぎのようだということだ。まず体力がなくなり、群れから放置されて離脱する。何も自分では食べることができなくなる。すると夜間に天敵たちがここぞとばかりに寄ってきて、朝になったら肛門から喰いちぎられている。これは例外ではなく、ほとんどの野生獣の最後は、生きたまま喰われるのであり、それが当然だというのである。ようするに、これはあまりに当たり前の光景だということであり、テレビに撮られていないほかのシマウマの末路も、そしてほかならぬライオン自身の最後も似たり寄ったりなのだろう。だがみている私はそこに、一種の恐ろしさの感情をもたざるをえない。生きたまま喰われるシマウマの痛みにどこかで共感せざるをえない。

どの視点からなのか

さて、ここでわれわれはライオンなのだろうか。それともシマウマなのだろうか。この問いが間違っているのだろうか。テレビの画像のみせ方によってはいずれの方向からも「物語」を作りだせるこの状況において、われわれはどうすればよいのか惑う。

セミにかんしてもそうである。私の勤務している大学は大阪平野北部の丘陵地にあるので、夏になるとセミの声はけたたましい（関東に暮らしていたときとは比較にならないほど関西のセミは生命力においても存在感においても強烈である）。たまたま初夏の夜中に研究室で仕事をしていて、午前三時か四時頃に外階段を降りていくと、そこここに透明な塊がもぞもぞとしている。気がつかなければ踏みつぶしそうになる。実際気がつかなくて踏みつぶしたセミもたくさんいるのだろう。だが何となしにではあるが、私はそこでセミに、こんな階段のコンクリートではなく、ちゃんと樹をみつけて朝までに成虫になってほしいと願ってしまう。

自分がそこで移動させたりすることまではしない。またそこで、先の映像のように、鳥やカマキリが現れて透明な塊を食べようと狙っているとしても、その鳥やカマキリが悪者であるともおもえない。それは彼らが生きていくうえで当然のことであるだろう。だがきっと、私はカマキリがよってきたら手で追い払うだろう。そして、そのことがよいことだったのか、いや悪いことであったのか、いつも考えあぐねて惑う。

この手のことについて、食物連鎖についてしたり顔で論じる立場もある。生きていることは必ず何かを食べるということである。それ自身は相互的な連鎖をしているのだから、何かが特別に悪いわけではない。そして何かが特別によいわけでもない。植物が光合成をして自らを生長させ、その葉っぱなり果実なりを鳥や動物が口にする。自然界ではそれを食べた鳥や動物をさらに上位の生き物が食べ、最後は最終処理者のような存在がそれを綺麗にしてくれる。

最終処理者といえば、大阪の海遊館のいちばんの見物は、暗い海底にごそごそとうごめいているカニの展示であるとおもう。カニは生物学的には巨大なクモに近いが、海遊館でみると確かにそうみえる。暗いなかでじっとしているカニたちは、海のうえで死んだ魚、喰いちぎられたその欠片、さまざまなプランクトンの死骸が落ちてくるのをじっと待っている。クモが網をかけて獲物を待っているように薄暗い海底でじっとしている。そして何かが落ちてきたらさっとその周りに集まり、すみやかに残骸を処理してしまう。カニが人間にとっての食材のなかで美味しいといわれるのは、いわばあらゆる海の生き物たちの残滓を自らの肉として貯めこんでいるからに違いない。食物連鎖はひとつの真実だろう。だが、これは誰の視点からの発言なのか。こう語る者は、自分もこの連鎖のさなかにあることをどう考えているのか。

ＮＨＫの映像の巧みなところは、もちろん理科教育番組の枠組みという観点からみて当然なのだが、これをいずれの立場からも、あるいはぎりぎりのいい方をすれば第三者的な視点からも描いていないことにある。この映像を撮るカメラマンは（自分が襲われるという事故がないかぎり）そこでの捕食関係にはいってはいない。下手を打てば、生き物はそうした食物連鎖のうえで成りたっているのですよ、それゆえ食べ物を大切にしましょうね、という愚にもつかない三流道徳的言説がこの映像には混在しかねない。だがカメラはそれをも巧妙に回避して、みている私や私の子供たちにいずれの視点をもたせることなく、しかしながら逆にいえば、いずれの視点にもたちうる存在としてあつかっているようにおもわれる。ドキュメンタリーものであり、科学解説ものではない「紀行」の類いに似せているがゆえに（あるいは当時の状況を考えると、単純に自然映像をテクノロジー的にどこまで撮れるかのチャンレンジでもあったのだろう）そうしたことも可能であったのかもしれない。

ただこれは、私にさまざまなことを考えさせてくれる機縁になった。

人間は食べられることはないのか

人間は食物連鎖の頂点にいるとされる。一般的には、確かにそうだ。現今の食料確保にかんするテクノロジーはすさまじく、農耕であれ牧畜であれ、また、一面では賭博的色彩が最後まで残っていた漁業にあってさえも、ほぼ人間の計画のもとでの数量コントロールが可能になっている。ただ、自然はもともと人間の事情など斟酌しないに決まっているので、簡単にこうした人間の計画を裏切って干ばつを起こしたり、エルニーニョを起こしたりする。地球温暖化は人間のせいではないかといわれるかもしれないが、いくら温暖化しようとも、地球上のどこかの大火山が噴火すると突然寒冷化し、そもそも食物が栽培できなくなりおおくの餓死者がでることは自明である（アイスランドの火山の大噴火がヨーロッパの平均気温の下降をもたらし、農業生産高を落とさせたことが、結果としてフランス革命のひとつの下地をつくったように）。だから、人間をいかにこの連鎖の「特権的頂点」にもってこようとしても、おそらくそんなことは不可能なのだ。人間は、自分が頂点だとおもった瞬間に、いつでも自然に裏をかかれる。当然である。

いや、それでも人間は食べられないのではないかという問いがわきあがってくるだろう。さて、これこそがここで問いたいことである。先のライオンとシマウマの群れのなかに、人間が群れであれ個体であれ、さしたる防備なしに存在していたらどうだったのだろうか。きっとシマウマよりもスピード能力に劣る人間はあっというまに食べられていたであろう。銃器をそなえた人間はある程度は抵抗できるかもしれない。しかしそれは自然のなかではやはり限界がある。人間もまた食べられるものであるということを忘れてはいけない。

もちろん（ホラー映像になりかねない）こうした視線はNHKからは抜いてある。ただNHKの映像をみているわれわれは、いつもそこで、これまでさまざまに指摘してきたような居心地の悪さを感じてしまう。いつも、これをみるものの立場はさまざまに揺れるのだ。実はそれがいちばん恐ろしいことかもしれない。

NHKサイドが、どういう意向でこの番組を制作していたのかはわからない。だがこの番組の優れたところは、鮮明な映像（当時はそれを競いあって撮る時代であった）ももちろんのことながら、いわばわれわれを上記のような迷いのなかに放置することにあったとおもわれる。

最初の序で私はこう書いた。食べることを考えるときに、大抵われわれは、自分が食べているものが「生きもの」であることを忘れている。そして「生きもの」を食べている以上、そこには「殺す」という事態が、必ず誰かの手を借りてなされており、それにかんする哲学的・倫理的省察は避けがたい。

だが、こうした問いに接近する前に、実はもうひとつの問いがこれに被さってくる。自分は「食べられる側」に回ることはないのだろうか。自分自身、何かによって食される、あるいは自分が人間を食べる、そういうことはないのだろうかという問いがそれである。これは食べることのタブーをめぐる、生き物を食べるその「下限」の問いにつながるし、結局は、生き物を殺して食べる論理の全体を支える人間のあり方にもかかわる。

エコ・ロゴスと第五清進丸事件

雑賀恵子という、いささか不思議な社会学者・社会思想史家がいる（不思議というのは社会思想史といいつつ、いつも自然や食をベースにものを考えているからだ）。私も一度自分の大学に招いて講演をお願いしたことがあるが、大変魅力的な方で、最初は文学部であったが、その後農学系の研究に転じ、さらに途中から社会学系の仕事をするようになったということである。余談であるが、生物系の研究から哲学や性をめぐる諸議論に転向するひとは案外おおい。私の大学の指導教員もそうであったし、翻訳にたずさわったイギリスの生政治学の研究者ニコラス・ローズ（『生そのものの政治学』法政大学出版局）も類似した経歴を辿っている。

雑賀は二〇〇八年に『エコ・ロゴス　存在と食について』（人文書院）という書物を出版した。この書物は、さまざまな視点をとりながら、宇宙論的にまで拡大していく食と環境の関連やあり方を縦横無尽に描いたものであり、雑賀の本領発揮ともいえる書物である。私は同書では、何をおいても、人間もまた「喰われる」ものであることに焦点化した第四章「パニス・アンジェリクス」こそが重要であるとおもう（この書物の表紙もまた、怪物か動物かに喰われる人間のイメージを使っている）。そこでは、人間の共喰いについてどう考えるのかが的確に考察されているからである。

しばらくは雑賀の記述をおってみよう。ここでとりあげられるのは、第二次世界大戦末期に発生したいわゆる第五清進丸事件である。この事件の顚末については、さまざまなメディアでもとりあげられているし、また作家武田泰淳が『ひかりごけ』という作品を著してもいる。さらに同時期に、フィリピンの戦場を彷徨《さまよ》い、同じような飢餓状態を経験した大岡昇平（『野火』『レイテ戦記』などがそれをあつかった著作である）について武田は批判をのべてもいる。雑賀は手際よくこうした見解をとりまとめ、人間もまた食べられるものであるというカニバリズムの可能性と意義について考えるのである。

まずは雑賀の記述にしたがって、第五清進丸事件についてまとめてみよう。この船は「一九四三年一二月三日」に（ようするに第二次世界大戦のさなかである）根室港を出港し、オホーツク海廻りで小樽港を目指していた日本陸軍の徴用船であった。だが、知床の羅臼付近で悪天候に遭遇し漂流。エンジンは破損し、知床南部の漁師小屋になんとか辿りつく。総勢七名であったが五名は餓死し、生き残った一八歳の少年と一緒に暖をとりながら小屋で過ごし、味噌や海藻などで飢えをしのいでいた。そして一緒にいた少年は崖から転落死したので、この船長は意識朦朧としつつも氷上を渡り、警察のもとに辿りついたというのである。時期が時期でもあり、この船長の帰還は「国民的英雄」としてたたえられたという。

ただし、次第にこの船長のはなしには、いくつかのつじつまのあわない点が露呈されていく。そもそもこの極寒の時期に簡単な装備で生きながらえるのは相当に困難であるのに船長はそのわりには健康である。また行動にある種の不審さもみられたため、警察による調査がおこなわれ、以下のことが発覚した。すなわち、「浜ではリンゴ箱が発見され、その中には、人間の頭部、頚部、脊髄骨、手足の骨、剝ぎ取られた表皮などが詰められていた……人骨は若年男性のものであることは明らかで、状況証拠から、船長が一八歳少年を殺害し、その人肉を食べて露命を繋いでいたが、それも食べ尽くしたため、その骨を箱に詰めて海中に投じ犯跡を隠した後、助けを求めてその場を離れた」(『エコ・ロゴス』、八二頁)と推測されることになったのである。

他者の肉を食べることと法

当然ながらこの事案は刑事事件になり裁判にかけられる。そこでは船長が若者を食べるために殺したのか、あるいは死んだがゆえに食べたのかが重大な問題になる。それと同時に、船長自身の自白にもあるが、その当時、船長自身もこの若者も、すでに精神的に到底まともな状態ではなく、栄養失調による幻覚を覚えていたと主張されることにもなる。このことは状況的に考えて、常識的に理解できることである。証言の信憑性など本人にもわからないだろう。

さて、この場合、どのような刑法の適用がなされるのだろうか。

殺人にかんしては、もはやそれがあったのかなかったのか立証するすべはないだろう。頭蓋骨に鈍器で砕かれたあとがあるとはいえ、どういう状況でそれが生じたのかは明確にできない。何にせよ、船長に普通の意味での記憶が明瞭にあるともおもえない。そうであるならば裁判の焦点は、この船長が否認していないこと、すなわち、他者の肉を食べたことが「犯罪」を構成するのかに集中することになる。

ところがこの点について、雑賀はきわめて重要なことを指摘する。すなわち、われわれに対して明示された法の世界においては、他者の肉を食べることを罰する規則自身が存在しないというのである。それゆえ、この船長に対する罪を決定するときには「死体損壊罪」という罪の適用がなされることになる。「人食」にかんするこの裁判は、実刑判決が一年とでたものの、記録のおくはすでに逸出しており、個人所有の判決文だけが残っている。そして、雑賀によれば「食人行為により起訴され、有罪の判決を受けたのは、世界の裁判史上、これが唯一の事例」だということである（同書、八五頁）。

法の外のタブー

さて、ここまでは雑賀に依拠した第五清進丸事件についてのまとめである。それ以外でも、近代社会においてみても、同様の事例はさまざまにとりあげられるだろう。雑賀もこのあとで批判を含めて描いているが、大岡昇平が記述するような戦時中のジャングル内での飢餓状態において、類似したような事例が多々あったことは推測できる。またよく知られているところでは、アンデス山中での、ウルグアイ空軍機五七一便遭難事故（一九七二年）などでの人食の経験なども語られる。これらはけっして猟奇的な人食ではないし、今もどこかでつづけられているかもしれない特定民族によるカニバリズムの祝祭でもない。

ただし、これらの事態は、人間も当然ながら肉であり、食べられうるものであること（動物に食べられることについては、宮沢賢治をあつかうつぎの章で論じたい）、そのことには、サバンナで喰い殺される生き物と実際にはいささかの変わりもないことをよく示している。極限状態において、自らが死ぬかどうかという場面を設定すれば、ひとは人肉を食べるだろう。それ自身は、実際のところ、鳥を喰い、豚を喰い、牛を喰うこと、いや魚を喰い、はてには植物の葉っぱを喰うことと、どう考えたところで連続した事例である（人間はどうであれ動物の一種なのだから）。

しかし同時に人間は文化という位相において、人間の肉を食べることに、何らかの抵抗感を覚えてもいる。それは何か犯してはならないものという感覚をそなえているのである。たぶん他の生物であればおおよそもちえないこの感覚を、われわれ人間は回避しがたい（熊は冬眠中に出産するが、産まれた子供が死んでしまえば当然のようにそれを一種の栄養素として食べる。おおくのほ乳類にとって、出産直後に死んだ子供は栄養分でしかない）。

雑賀は、武田泰淳の『ひかりごけ』や、大岡昇平の『野火』などの文章を引用し、人食にかんしてさまざまに検討しており、それはそれで大変興味深いのだが、そのさまざまな考察はここでは措いておく。ただし武田泰淳が、船長がこの少年を「美少年」だから食べたという類いの記述をなし、人食とセクシュアリティとを混交させているところを雑賀が分析する場面はかなり気になるところでもある（これはむしろ、パリで女性を殺し、人食をおこなった佐川一政の事件をおもわせるだろう）。食べることとセクシュアリティの問題はまた別の深い問いであるがここではあつかえない。

ともあれまずもって問題になるのは、人肉を食べることが、「法の外」におかれていることである。つまりカニバリズムとは、われわれにとって確かにタブーであるにもかかわらず、このタブーはけっして法律的に明文化されていないということなのである。もちろん、人間を食べるために殺すことは、端的に殺人罪である。しかし死んだ、もしくは死んでいると推定される人間を食することは、それ自身について何が悪いのかは問えないというのである。かくして第五清進丸事件においても、死体損壊罪として処罰される以外のことはおこなわれていない。いわば死体に悪さをする（その多くの事例は、いうまでもなく性的な陵辱である）ことと類似した罪においてしか裁くことはできないのである。

このことについて雑賀はつぎのようにのべる。

ともかく、人間存在の昏《くら》く根源的なところを揺さぶるおぞましさを、近代理性は、徹底的に退け、あるいは明るみのなかに引きずり出して馴化しようとしてきた。したがって、殺人

は、刑法の体系のなかに属するが、食人の罪状は刑法には存在しない。（同書、八八頁）

雑賀がのべたいことは、カニバリズムは確かにタブーではあるのだが、それは根源的なものであるがゆえに、明文化された近代法のなかには馴染まない、あるいはそうした明文化というものを避けるような、人間存在のより薄暗い領域にしかありえないものだということである。ここに雑賀は「言語を持つ人間の間」の「深い淵」をみている。言語をもつ人間は、その言語という高度に文明化された産物のなかにある「罪刑法定主義」（そこでは罪は、裁判において、明文化された法律の解釈によってしか裁かれない）の枠内では、人間を食べるか食べないかは判断しない。それは、そうしたことがないからではなく、人間であること自身がそれに目を背けるからなのである。

私にはこの雑賀の記述は、レヴィ＝ストロースの料理の議論ともむすびつきうる、非常に興味深いものとおもわれる。

まず法律において、人食にかんする規定がないことは非常に示唆的なことである。もちろん私は法学者ではないので、世界中のあらゆる法のなかで、あらゆる時代にこのような規定がないかどうかを知るものではない。だがそのことは、自然的な動物である人間と、文化的な生き物である人間との調停を、レヴィ＝ストロースがまさに神話として提示していることとかさなりあっている。それ自身が動物と人間の境目に存在するこうした事例は、明らかに文化の側だけに属する法には記載されない。あるいはそこから排除されているのである。

つまり、本質的なタブーはどこにも記述されえないのである。理由は明白である。タブーは、雑賀が「昏《くら》く根源的なところを揺さぶるおぞましさ」をともなうがゆえに、文化でそれを論じること自身が、われわれの存立にとって危険なことだからである。

これに連関して、もうひとつ別の事例をとりあげたい。数年前、杉並区阿佐ヶ谷のライブハウスで、とある芸術家が自分のペニスや睾丸を切除し、これをフライパンで料理するといって、食べるひとを募集したという事件があった。ペニスの除去は美容衛生上のものであり（推測するに、性転換手術とおもわれる）、それ自身法律に反したものでも反社会的なものでもない。そして切断された肉はただの肉である。結局この件にまずたち会ったのは「保健所」ということであり、最終的には警察と協議のうえ、「わいせつ物陳列罪」で罪に問われたということである。ほかには法律の範囲内であれば「食品衛生法」の枠内でとりしまることしかできないとおもわれる。このことは、カニバリズムそのものにかんしては、いまだに法律ではどうしようもない領域であることをよく示している。そのこと自身をわれわれは罪に問うことはできない。だがそれは、そのことが、罪として規定される以前の、われわれ自身を構成する何かに触れているからなのである。

「剝きだしの生」の現出とアガンベン

罪刑法定主義とそれを支える言語の外、という主題に関連して、雑賀自身も相当に意識している思想家はイタリアの現代哲学者、ジョルジョ・アガンベンであるだろう。アガンベンは、本来はきわめて手堅いイタリア法制史や美術史、あるいは宗教史の思想家であるが、連作である『ホモ・サケル』の一部をなす『アウシュヴィッツの残りのもの』(月曜社)という著作において、とりわけ注目を浴びることになった。そこにひとびとは、フーコーやドゥルーズ、あるいはデリダといった二〇世紀後半の思想のあらたな継承と展開をみたからである。

そうしたアガンベンにとって、ひとつの重要なテーマとは、まさに「法―外」なものと法とあるいは権力との関連、あるいは「法―外」という「例外状態」の「通例化」という、雑賀の主題に深くむすびついたものであった。アガンベンは一方で法の専門家ではあるが、他方で法―外なものと法との関係をつねに視野にいれるからである。

法とは、雑賀が「罪刑法定主義」というかたちで示すように、ある歴史的・制度的な枠組みのなかで、特定の権力によって、なおかつ当然ながら言語で示されるものである。ところが、人間が生きていること、そこで起こる数々のことは、往々にして法を越えてしまう。それは法が、人間世界のなかの狭い一領域しかあつかいえない以上、当然のことである。それゆえ、数々の法律の専門家がおり、法学者がおり、法の解釈の検討がなされつづけることになる。法―外はいつでも法に侵入し、法の領域の狭さと危うさを明示するのだから。

おおまかにいえばアガンベンは、人間の生の領域を「ゾーエー」と「ビオス」という二つに分類している。「ゾーエー」とは、端的にいえばただ生きているだけの「剝きだしの生」である。

もっとも原初的な形態をも含むわれわれの自然的生がそれにあたる。「ビオス」とは、法や言語に代表される、制度化された生の側面を指す。

アガンベンが分析したアウシュヴィッツとは、文明（まさしく言語によって築かれる）に対する挑戦という意味も含め、「ゾーエー」という「剝きだしの生」が、それそのものとして現出してしまった世界のことである。それは「例外状態」であるのにそれが「通例化」したものである。

アウシュヴィッツについて、アガンベンが記していることで印象的なのは、ナチスの将校たちと楽しくサッカーをする親ナチス派のユダヤ人捕虜たちの光景である。それだけを切りとれば、きわめて平和なものにもみえるこの光景を、気持ち悪いと考えるべきなのか、それはきわめて難しい。それは、殺される側が殺す側に味方し、にこにこと協力している「グレイゾーン」である。「例外状態」がおかしなことに「通例化」している。

さらにアガンベンが、プリモ・レーヴィというアウシュヴィッツで殺されることなく生き残ったイタリアの化学者で作家である人物をとりあげることも重要である。彼は殺されなかったがゆえに、まさに言葉によってアウシュヴィッツの現実を知らしめ、しかし殺されなかったという「罪」に苦しめられた（彼の最期は自死であるといわれてもいる）。ここで露呈されるのは、「ゾーエー」と「ビオス」の中間領域そのものである。プリモ・レーヴィは、迫害された人間として言語で証言をおこなっている。それは歴史的にみて重要なことである。しかし証言をおこなえるという時点で、彼は殺された幾多の人間にとって裏切り者であるという意識そのものにさいなまれつづける。彼の現出自身が、アウシュヴィッツの生みだした「グレイゾーン」なのである。

とはいえアガンベンにとって、アウシュヴィッツは重要きわまりない事例ではあるが、現代社会を考えるとき、それは際だったひとつのグロテスクな現れであるにすぎないともいえる。「例外状況」の「通例化」こそが、アウシュヴィッツ以降の世界の実相なのだから。

率直にいおう。「生病老死」それ自身は、生物としての人間が必ず通過しなければならない過程である。しかしそこには「法が」抑えられない数々の生が、それこそ「剝きだし」になって出現する。産まれて死に、廃棄され、場合によっては喰われる。そんなことは過去から現在にいたるまでの人間的営為にとって、いわば当然のことであっただろう。

だが、現代では、堕胎や安楽死、脳死や生命テクノロジー、医療過誤や遺伝子レヴェルでの優生学の是非など、「法」と「法―外」のものの境界領域は、文明の装いをまといつけながら、実際には無尽蔵に拡がりつつある。ひとはそこでさまざまな法を作成し、生命倫理という学問分野を恥ずかしげもなくでっちあげる（生命倫理という学問分野がアメリカで成立したのは、そもそも医者が医療裁判で免責になる裁判上の技術を考案するためだということは誰もが知っている）。だが、いかようにしても人間は理不尽に生まれ、理不尽に死ぬ。そのことには誰も何の責任もとれない。小さき者である人間にとって、すべての生のあり方を法で書きつくすことなどできない。そのことについて、われわれは何も判断ができない。その領域について、法の言葉だけで裁くことはできない。

グレイゾーンにいるわれわれ

雑賀のカニバリズムの話題に戻そう。人食について、おそらくわれわれはきわめて得体の知れない、まさしく心の奥底の澱《おり》のような忌避感をもっている。しかしそれは法という仕方で明文化されるものではない。またそれがよいか、悪いかを明示的に論じつくせるものでもない。法だけを考えるならば、それは「罪」に問うことさえできないものである。ただそこでも、何かの掟のようなものはある。

繰り返すがわれわれは動物であり、一定の間隔をもって食物を摂取しなければならない。植物のように光合成をしてエネルギーをつくることもできないし、草食動物のように大量の草を反芻することでいのちをながらえさせることもできない。何も食べ物がないときには、同種のものであれ何であれ、自らが生きるために食べる。食べなければ自分が死ぬ。

だがそこで、人食をなすかなさないかは、きわめて繊細な問題をひきおこす。大岡昇平は、あくまでもキリスト教理念をもちだしつつ「言葉」と「ロゴス」の世界でそれを敢然と拒絶する（このことに雑賀は、そして雑賀が引用する武田泰淳も批判的である）。だがわれわれは、さまざまな動物が共喰いをすること、場合によっては、それは生態系的にも生存戦略的にも合理的な行為であるとのべることさえ可能である。この章の最初の例をとっても、群れから脱落するシマウマとは、大抵はすでに弱小化した個体である。シマウマは群れ全体を守るためにこの個体をわざと脱落させている可能性もある。脱落するシマウマも、人間がセンチメンタルに想定するような自己犠牲という精神はないだろう。もはややむなしとおもって群れから離れている可能性もある。とはいえ、これもまたいうまでもなくシマウマ同士の共喰いの一種である。

この領域は、アガンベンの言葉を使うならば、まさに「ゾーエー」と「ビオス」とが何ともいいがたい仕方で混じりあう場面であるといえる。だから重要なことは、われわれはこの水準の問題において、善悪をしたり顔で語ることはできないということである。食の倫理を考えるならば、いや生にまつわる倫理一般を考えるならば、こうした「混交領域」にはけっして真顔では踏みこめない。こうした領域の議論を、功利主義的に、機能主義的に、（あるいは私自身少し先に試みたように）合理主義的に説明しようというさかしげな振る舞いは、いささか疑ってかかるべきである。

われわれはテレビでサバンナの野生をみるとき、当然それがテレビの向こう側の世界であるかのように感じる。だがそれは虚偽である。サバンナの野生は、日常の今ここにある。サバンナの殺しあいは、日常のなかではみえないかもしれないが、日常そのものの鏡である。われわれはそこで第三者にはなれないし、第三者として論評することもできない。われわれは、おなかをすかせたライオンの子供であり、喰われるシマウマである。同時にその両方なのである。

こうした「法の外」における食べるという問題は、実はさまざまな箇所にみうけられる。それについてこの章の最後に少しだけ応用編を描いておきたい。

われらがアンパンマン

授業などでこの類いのはなしをすると、必ず学生が質問することがある。それはアンパンマンをどう考えるのかということである。

ただ私自身は、アンパンマンの作者であるやなせたかしという人物についても、この絵本（というか、すでに一種のキャラクターとして、アニメその他で多種多様に普及しているというべきだろう）についても、さして深く知っているわけではない。ただアンパンマンが、おなかがすいた者に、自分の顔を「食べさせる」ということは知っている。さらにいえば、それがやなせたかしの戦争従軍経験に依拠するものであるという事実も知識としてはもっている。飢えのなかで何かできること、何かしてあげることとは、飢えている生き物、飢えている同僚に食べ物を与える以外にはない。そしてその極北が、自分を食べてもらうということでしかないこともよくわかる（まさしくアガンベン的に「法－外」な「剝きだしの生」の状況にほかならない、戦争状態の飢餓の場面であるならば）。

ただし、アンパンマンが「自分を食べてよ」といって、自分の顔をむしりとって食べさせる姿は、ある意味ではNHKのサバンナの映像以上に異様な雰囲気をかもしだすものではないだろうか。繰り返すが、アンパンマンが食べさせるものは顔なのである（もちろん、このキャラクターにとって顔がアンパンなのだから）。

この絵本の不思議さは、生命にとって、そしてとりわけ四肢動物全般にとって、その人格性＝パーソナリティを決定する器官である「顔」がそもそも食べ物であり、さらにそれを惜しげもなくちぎって相手に与えることにある。これは自分の肉を食べさせる、他人の肉を食べるというカニバリズムよりも、さらに業の深さを感じさせる所作ではないだろうか。余談であるが、ヴェジタリアンのイギリス人の同僚が、切り身として皿にのった刺身は食べられるが、焼き魚は食べられないと話してくれたことがある。逆に日本人にとっては、豚の丸焼きを連想すればわかりやすいだろう。顔を食べろというのは、たんなるカニバルなものではなく、相当な抵抗感をひきおこすものである。ところがアンパンマンは、顔こそを食べさせるのである。食べてはいけないものの最たる部分が食べ物であるという矛盾が、この絵本のもっとも重要で衝撃的な点ではないだろうか。

とり替えのきく身体

ところがアンパンマンには、もうひとつの奇妙な細工がなされている。これもまた衝撃的であるのだが、アンパンマンの顔とは、いささか驚くべきことに、いくらでもとり替え可能なのである。アンパンマンは、おなかをすかせた者に自分の顔を食べさせると、ジャムおじさんというコックの身なりをした登場人物が、ぱっとアンパンマンの顔をいれ替える。アンパンマンの顔そのものは複製可能で、何度もとり替えがきき、かくしてアンパンマンというキャラクターが死んだりすることはない。

これが相当に不思議な事態であることはいうまでもない。顔というのは、繰り返しになるが、人間のみならず四肢動物にとって、唯一性を示す人格を顕示するものなのだから。「誰か」という判断は、普通は「顔」によってなされる。食べられる以上に、唯一的なものがとり替え可能であるということは、その設定をさらに奇妙にさせている。

アンパンマンの顔を食べるときに、実はさしたる罪悪感をもたないのは、それがごく常識的な「アンパン」の（欠片の）形象をなしており、さらに上述のように一回食べても再生産されるものであるからだ。それゆえ、アンパンマンの顔がちぎれても、そしてそれがすぱーっと飛んでいっても、そのこと自身には安心感すらある。アンパンマンは個別的な存在でありながら、そうであるとはいい切れない。一人のキャラクターという姿をとりながら、常識的にいえば一人ではないのかもしれない。これについて、どう考えるべきなのか。

もちろん、そうである以上、アンパンマンを食べることはカニバリズムではない、という結論をだすことも可能だろう。再生されるということは、ちぎればまた生えてくる家庭菜園の野菜に近いともいえる。だが、それでもこれは人間のかたちをしたキャラクターである。どう考えるべきか。

別の視点でとらえれば、肉を食べること、カニバリズムであることを論じながらも、実際にはわれわれは、われわれ自身の身体をあまりよくみていないのかもしれない。

人間の個別性は、実は顔という器官をのぞけば、さしたる違いはない。自分の内臓のレントゲン写真をみせられても、それが自分のものか他人のものかがわかるひとなどはほとんどいない。顔という特殊な器官をのぞけば、実は身体は、人間同士であれ、また四肢動物同士であれ、実際には似たり寄ったりである。

さらに、もっと荒唐無稽なことをのべることもできる。顔とは人格性の中心であるので、さすがにアンパンマンの世界でしか、これを再生産することはできない。しかしながら肉ということであればどうであろうか。現代のさまざまな場面で、身体へのテクノロジーが増していくなか、近い将来人間は人間の肉を不用なものとして切り捨て、あるいは必要であれば再生できるかもしれない。現代におけるアンパンマンの類似物をつくることは、不可能なテクノロジーではないかもしれないのである。アンパンマンの教えは実はこちらにあるとも考えられる。

未来のアンパンマン

真面目にいえばこのはなしはいくらでも現代テクノロジーのもとで拡張可能なのである。医学においては臓器移植という問題がある。これはもとより、飢えに起因するカニバリズムとはもちろん次元が違う。だが、自分が生きながらえるために他人を身体にとりこむという意味ではまさしく類似的行為である。臓器移植するというこの技術は、これ自身、別の方向から考えられるべきアンパンマン的なカニバリズムにもおもえる。初期の臓器移植は、ドナーが亡くなったあと、その意思にしたがって、血液型の一致や免疫不全を起こしにくい患者へと、臓器をばらして届けていった。ドナーの臓器は亡くなったばかりの「新鮮な」ものであることが不可欠であったので、「脳死」という、死の概念についての定義づけ変更さえおこなわれている（まさにアガンベン的な「グレイゾーン」が明示的に問題になったのである）。そこでは、これまでは死んだと認識されていないひとを死んだことにして（そしてそれを科学的合理的な方法で、まさしくしたり顔で説明して）カニバリズムを可能にしたのである。私の勤めている学部の隣の医学部は、移植についてはきわめて重要な国の機関であるので、ヘリコプターが研究室の上空へ飛んでくるたびに、ああ、新鮮でぴちぴちとした臓器が届いたのだなという複雑な気持ちに襲われる。

しかしそのうち、ある種の臓器については、生体肝移植に代表される生体移植がなされるようになっている（死んでいなくてもよいのである）。これはますますアンパンマン的状況が広まっていることではないのか。それは誰かの（大抵は親族であるが）臓器を食している。口から食べるのではない。しかし生きるために身体にとりいれている。

この方向における「アンパンマンの未来」は、すでに、バイオテクノロジーの進展において明示されているだろう。iPS細胞から自己の臓器を形成すること、それが実際に応用され、現実的に臨床の場面でもちいられることはまだまだ先かもしれない。だがもともと受精卵であったE

S細胞をもちいた臓器のテクノロジー的形成が、「可能的に子供になりうる細胞」という素材であり、やはりカニバリズム的側面があったことを考えると、iPS細胞が理念的には自己生成する細胞であることには意味がある。これは自食のカニバリズムであるとさえいえる。自己犠牲と自己を救うことの回路が完結したこの場面では、カニバリズムは一個体のなかで完結してしまうことになる。

　アンパンマンからは遠く離れてしまったかもしれない。だが飢えの問題から出発して、臓器移植に辿りつき、さらにiPS細胞による自己の身体の複製化には、そこで使用される臓器がいくらでも複製可能であることにおいて、アンパンマンのいれ替わる顔という知見は、いっそうひき延ばされているのだろう。それはおそらく、われわれの個別性、私のパーソナリティ、私の個別のいのちという事情を、しだいに消し去りつつあるのかもしれない。無限複製されるアンパンマンの顔の自己犠牲は、おそらくやなせがおもいつきもしなかった卓見を含んでいるのだろう。

　さてしかしながら、これではやはり、食の哲学という主題からは少しテクノロジーの方向に逸れてしまったようにもみえる。農業や牧畜を考えればそれは立派なテクノロジーであり、上記の議論も、その延長線上にあるともいえる。だがここではもう一度、食べるということの問題がもつ「暗さ」へと、主題をひきもどすこととしたい。

　次章では、食べるという主題について、もっとも深く考え抜いた日本の思想家である宮沢賢治に光をあてたい。

第三章　時空を超える宮沢賢治——生命のカニバリズム

宮沢賢治と奇妙な自然主義

宮沢賢治という詩人、童話作家、社会活動家を知らない読者は、日本ではほぼいないのではないだろうか。一般的には「雨ニモマケズ」という詩を小学生のときに暗誦させられたり、あるいは「銀河鉄道の夜」の不思議な世界観に惹きつけられたりで（私の世代だと、一種の本歌どりのような松本零士原作のアニメ映画『銀河鉄道９９９』と、ゴダイゴが歌ったその主題歌が先にでてきてしまうのであるが）、この詩人の描いた作品の断片でも頭の片隅に残っている方は相当数にのぼるとおもう。

ところが、実のところ宮沢が何をやった人物なのか、彼が本当は何を書いたのかをよく知る読者もあまりいないようにおもわれる。郷里の岩手県で、農業そのものにこだわり、それほど幸福な人生を送ったわけではないのだろうという漠然とした印象は、ある程度共有されているのではとおもう。実際に、彼が生前に刊行した出版物はさほどおおくはない（たとえば「銀河鉄道の夜」や

「風の又三郎」は、生前には刊行されていない）。とはいえ、彼にかんする研究書は、現在において、枚挙にいとまがないほど世に溢れている。これは、亡くなって何十年もたったあとでも（むしろのちになってより強く）、彼が考えたことが現代の諸問題に刺激を与えているということの証左でもあるだろう。

実をいえば宮沢は、岩手の農村で、農業にかかわりつつ詩や童話を書いたということから素朴に連想されるような農村作家ではおおよそない。もちろん彼にとって、農業は思索の中核をなすものである。花巻農学校で教員を勤めたのちに、自分は農民ではないのに農民になる学生を教えることに矛盾を感じ、羅須地人協会という私塾をつくり、エスペラント語や農民芸術の推奨（これは「農民芸術概論綱要」という作品にまとめられている）をなし、自給自足の生活を試みたりもしている。この意味でいえば、宮沢を典型的な農村作家ということは不可能ではない。

とはいうものの、宮沢の著作は、今でこそあらゆるところに普及しているとはいえ、それだけを読めばかなり奇妙なものである。この本に連関づけるならば、先の章でのべた、自然と文化のあいだに横たわるグレイゾーンにそのまま踏みこんでいく気味の悪さがそこここに溢れているといってよいかもしれない。それは彼が農業という、まさしく自然を管理し、生けるものを殺し、それを食べるという、人間にとっての自然侵略にかんする原罪のような事態を、きわめて直截的に（あるいは彼が心酔していた法華経の理念にしたがって）把握していたからかもしれない。少なくとも彼の描くものは、凡庸なエコロジストが想定するような自然と人間との共生という領域などをはるかに踏み越えている。そんな甘ったれたことが、自然と人間のあいだで成立しているわけがないということを、彼は心の底から理解してしまっている。

たとえば「銀河鉄道の夜」の最後はこういう記述になっている（この部分は、この本でのちに引用する文芸評論家吉本隆明も、重要なものとしてあつかっている）。そこでは主人公の友人のカムパネルラが川で溺れて死ぬのだが、それを、今でもひょいと顔をだすか、どこかの洲《しま》にでも流れ着きはしないかと一縷《いちる》の望みを託している主人公ジョバンニに対して、カムパネルラの父はじっと時計をもちながらこういうのである。

けれども俄《には》かにカムパネルラのお父さんがきっぱり云ひました。
「もう駄目《だめ》です。落ちてから四十五分たちましたから。」

（『宮沢賢治全集7』ちくま文庫、二九七頁）

そして「堅く時計を握ったまま」の父は、ジョバンニの父が帰ったかどうかを気にしながら「あしたの放課後みなさんとうちへ遊びに来てくださいね」ともいうのである。

これはいかなる点からみても普通のはなしではない。自分の息子が川で溺れ死んでいるであろうときに、正確に時計で時間を計測しながら「もう駄目です」といい、すぐに明日はどうしましょう、という話題に切り替えるのだから。こんな父親が実際に存在したら、常識的な世界では非難囂々《ごうごう》であるだろう。しかし宮沢の書くものは、そんな常識世界の表層とは、まったく異なった位相を描くのである。

時空を超える宮沢賢治

宮沢賢治という人物の書くものを少し詳しくみてみよう。彼は、経歴的にはまず盛岡高等農林学校（現・岩手大学農学部）第二部（のちの農業化学科）で農学を学ぶのだが、岩手という土地そのものがきわめて鉱物資源にとんだ土地だということもあり、宮沢の描くものには鉱物的なもの、あるいはそれを越えた惑星的、宇宙的なものを視界にいれたものが実におおい（宮沢と鉱物との関係についての本が書かれていたりもする）。

そもそも「銀河鉄道の夜」という名称も、もともとは岩手軽便鉄道の開通が契機となり選ばれたことは確かである。だが対象は何しろ「銀河」なのである。レヴィ＝ストロースの神話ではないが、ここで視界にいれられるのは、鉱物や宇宙にかんする自然であり、単純なエコ・ロゴスが明示するような「生態系」などはるかに越えた〈彼方の〉時空を想定するものである。結晶の年月を想像するとき、星の歳月を考慮するとき、それは、ひとりの人間の一生とか、その苦しみとか悩みとか、そうしたものをあっさり越えてしまう。いや、このスケールでいけば、そもそも人類という種の存在の誕生や死滅さえ、一瞬のことにすぎない小事であるだろう。

だからすでにのべたように、宮沢の書くものは、人間的な意味では幻惑を覚えさせるような気味の悪さをもっている。だがその気味の悪さは、人間という存在が、鉱物や惑星や銀河や宇宙という自然とダイレクトに接しながら、自然の側からみれば一瞬としかいいようのない卑小な自己として存在せざるをえない、そうした気味の悪さに通じている。その意味で、この異様さはきわめて普遍的なものである。だがそれでも、宇宙レヴェルのスケールのおおきさと、人間のきわめて卑小な情動や感情との絡みあいに、われわれはたち向かわなければならない。その絡みあいは、自然と文化の接点を論じたレヴィ=ストロースや雑賀、〈グレイゾーン〉をひきたてたアガンベンの記述に、別の視角からであれ折りかさなるものがある。

その意味で、宮沢の議論が「食べる」ということ、つまりこの世界のなかで生じるどうしようもない食物連鎖やそれにともなう殺戮に、さまざまな角度から触れるのは当然でもあるだろう。以下で分析するように、「よだかの星」はダイレクトに食物連鎖をあつかうものである。そこでは「他の生き物を食べる」という「薄暗さ」に対して、何をすることもできない焦燥感がひきたてられる。あまりにも有名な「注文の多い料理店」は、人間もまた食物連鎖のなかでけっして「食べる」だけの存在ではなく、「食べられる」ものでもあるのであり、それ自身は逃れようもないことだという事情を描いている。また、諸説あるものの、宮沢が少なくとも一時期にはヴェジタリアンであった（そうでない時期も確実にある）ことは確かであり、とりわけ思想としてのヴェジタリアンにおおきな関心を抱いていたということもある。この点については「ビヂテリアン大祭」というニュウファウンドランド島で（どうしてカナダのニューファンドランド島でなのかについては、一切の説明もない）なされる摩訶不思議な討論集会を描くという奇妙な作品をしたためてもいる。

また、吉本隆明の議論とかかわるものでもあるが、「なめとこ山の熊」といういまひとつ有名ではない作品は、宮沢の理解にとって根幹的であるとおもわれる。そこでは、ダイレクトに食べるという主題があつかわれるわけではない。しかし、まさに山の猟師と熊との直接的な対峙が描かれるこの作品において、自分が生きるということはそれ自身、何か他の生き物を殺すことであること、そしてそれこそが（あとで問題にする宮沢独特のタームである）「ほんたうの考え」という表現と関連していることが、きわめてヴィヴィッドに示されるのである。「なめとこ山と熊」の猟師譚は、まさに吉本隆明本人が、主著である『共同幻想論』（角川文庫）において、同じ岩手の遠野地方における民俗譚を柳田國男がまとめた『遠野物語』を分析対象としたことと呼応するかのようである。それは吉本の関心をひくに充分なものであったのだろう。

冷徹な視線と非人間的な情動

いずれにせよ宮沢の描く世界は、人間の小さな自己感情などどこかへすっ飛んで越えていく。それはレヴィ＝ストロースの神話のように、動物の世界と人間の世界との混交状況という普遍、近代化されたこの世界でいかにみえなくされていようとも、今まさに足下に転がっている普遍を冷徹な視線で探っている。「銀河鉄道の夜」で、カムパネルラの父が、息子が死んだというパニックになりそうな事態を目の前にしながらも、溺死にかんする自然法則のなかでの計測のような振る舞いをすることに含まれる冷徹な視線こそが、あるいはそこからわきあがってくる非人間的ともいうべき不思議な情動こそが、宮沢の作品の総体を貫き、その魅力を形成しているといえる。

こう考えてみれば宮沢が、一部ではあれ童話という形式でその作品を著したこと、そしてそれがいまだに小学生の読み物として流通していることは、それ自身が興味深い考察事例なのかもしれない。

こうした論点から宮沢の議論を自分の学生に紹介すると、そこで返ってくるおおくの応答は、宮沢の童話を小さいときに読んだ記憶はあるがそれが何を意味するのかよくわからなかった、あえていえば何か非常な居心地の悪さを覚え、どう対応していいのか困惑した、というものがおおい。私自身の経験もそうであり、小さい頃に宮沢の童話を読むことは意図的に避けていたと記憶している。

ただし学校制度のなかでは、そこで提起される問題に対して「感想」なるものを書かなければならない。ところが宮沢の突きつけてくる問題は、そんな子供の「感想」なるものの対象としてはあまりに無謀な内容をもっている。教育という観点からいえば、次章において、いのちの教育（食と教育）を検討したいのだが、宮沢の童話は、そうした事例と呼応するかのように、とてもあるひとつの感想、あるひとつの答え、あるひとつの善悪の決定を提示できるものではない。その意味で、宮沢の童話を読ませるという試みは（現在の小学校でどれほどそれがおこなわれているのかは知らないが）、その得体の知れない、言葉では明示できない生の感覚を子供の心に、一種の傷のように残したというだけで充分に成功であるのかもしれない。

吉本隆明と宮沢の「ほんたう」のこと

すでに何度も名前をあげているが、日本の戦後有数の思想家である吉本隆明は、自身も詩人であり、きわめて手広い文芸評論（初期のマルクスやランボー、マチウ書や親鸞、日本の古典や現在の詩歌や文芸）、さらには政治批評（最初期の「転向論」から、体制左翼運動への徹底批判である『〈反核〉異論』まで）を描くのであるが、宮沢賢治のことを相当に特別視している。吉本自身、山形の旧制高校で文芸に触れ、また先にも記したように、彼の代表作である『共同幻想論』は、日本的共同体のあり方を考えるテクストとして、柳田國男の『遠野物語』を『記紀書』と並んでとりあげている。経歴としては、東京工業大学で化学を専攻し、一労働者としてインク工場に勤めるかたわら詩人・評論家の道を歩んでいる。この点からも吉本は、農業化学を学び鉱物に詳しい宮沢に何らかの親和性を覚えていたことは確かだろう。

その吉本が、宮沢のテクストにおいてとりわけ重視するのが、「ほんたう」という、宮沢独特の表現である。この表現は、「銀河鉄道の夜」の初期草稿でブルカニロ博士が口にするものであるが、それが何を示しているのかはこの段階では明示されるものではない。以下、吉本のテクストから少し引用してみる。

ここまでのところでは「ほんたうの幸福」や「ほんたうの神さま」や「あらゆるひとのいちばんの幸福」というばあいの「ほんたう」や「いちばん」について、それをはっきりさせるためには「ほんたう」や「いちばん」という言葉をなんべんも使わなくてはならない。いいかえれば同義語を解明するために、また同義語を反復するという循環のそとへ出ることができてはいない。……作者宮沢賢治もまたそれを求めている過程のなかにあったようにみえる。

（吉本隆明『宮沢賢治』ちくま学芸文庫、一九五頁）

ここで慎重に吉本は、宮沢の「ほんたう」という発想の裏に、法華経という仏教理念があったことは確かであろうとのべてもいる。宮沢自身は（大学をでて、教員になり、私塾をつくり、というその経歴からもわかるように）ある種の地方ブルジョワの子孫として産まれ、しかし実家の浄土教の環境のなかには溶けこめず、そこから出奔するように東京にいき、法華教の先鋭的集団（現在の創価学会をおもわせもする）に身を投じたことがある。ただ宮沢は、この組織集団の社会活動の現実にはさまざまな意味でただちに幻滅し、岩手に戻って地道な生活をすることになる。

とはいえ、まさに宇宙大に拡がってしまう「法華経」の理念に支えられた「ほんたう」という表現を軸に、小さな個人である自分が生きるこの世のなかのあり方に切りこんでいこうとする。「ほんたう」の意味は、宮沢の童話が何ら答えのだせない体のものであることと同様に、そもそも「何が」「ほんたうか」という問いに答えられるものではまったくない。かくして引用で示されるように、宮沢は空虚にも、「ほんたう」という言葉を繰り返し上塗りするようにしか使用できないのである。だが吉本は、一面では宮沢に内在する宗教的な(極限宗教的な)部分を認めながらも、それが問いかけてくる事態のなかで、到底答えがだせないこの問いを必死で探っていることにのみ、強烈な関心を覚えているようにみえる。

「ほんたうの考え」という発想は、そもそも「銀河鉄道の夜」のなかでもちいられた表現である。だがそれはまた「なめとこ山の熊」の主題そのものでもある。この章では、食べるということにまつわる具体的な位相についての記述を追いながら、宮沢―吉本が非常な関心を寄せたこの「ほんたう」ということに迫ってみたいとおもう。そこではカニバリズムのタブーとはまた異なった、ある意味ではより宇宙からの俯瞰にも似たような、食べることと食べられることとの、自然のなかでの必然的な循環がおおきな主題となっていくだろう。

「よだかの星」の過剰な擬人化

まずはあまりに有名なこの二つの作品からみていこう。レヴィ＝ストロースの議論に応答するかのように、「食べる」ことと「生」にまつわる議論は、どうしたところで動物が主題になってしまう。そこでは動物たちが人間の言葉をはなし、また人間は動物の言葉を理解する（まさに神話的状況である）。そのとき動物も人間も、自然のなかでの生き物として、まったく対等な位相にたってしまうことが重要なのである。動物が人間になるのではない。宮沢の記述からかいまみられるのは、そもそも逆で、人間とはもとより動物である（そうでしかありえない）ということである。そしてそれは考えてみれば、あまりに当然すぎることである。

「よだかの星」は、その意味では、擬人化が過剰になされている作品のようにおもわれる。その感情ははっきりと人間的である。よだかは、みなからいじめられ、何をしても孤立してしまう。いつも自分の醜い容姿を気にかけている。親切心で他の鳥の子供を助けても、何をするのかという眼差しでさげすまれる。なぜ自分は生きているのかとおもう。ある意味では、多かれ少なかれ普通の人間の誰もが、一度は心のなかに抱いたことのある感情だ。さらには、よだかにはいじめっ子の鷹がいる。鷹は、お前は鷹ではないのになぜよだかという名前を名乗るのだ、しかも夜という単語と鷹という単語を借りておかしいではないか、名前を変えろと迫る。よだかはあまりのことに、自分の存在そのものを否定されたかのように感じる。
しかしよだかは、いかに醜くとも、いかに自分の存在を低くみようとも、空を飛び移動するなかで、おおきな口をあけ、羽虫をむさぼり喰ってしまう。それが喉につきささろうとも、甲虫を食べてしまう。自然に対しては、自分は支配者のような役割を演じてしまいもするのである。だがどうして自分は羽虫を「食べる」のか。なぜ自分のような存在が、劣等感をもちながらも、他の生き物を食べて生きていくのか、それがよいことかどうかがわからない。

夜だかが思ひ切って飛ぶときは、そらがまるで二つに切れたやうに思はれます。一疋《ぴき》の甲虫《かぶとむし》が、夜だかの咽喉にはひって、ひどくもがきました。よだかはすぐそれを呑《の》みこみましたが、その時何だかせなかがぞっとしたやうに思ひました。
（『宮沢賢治全集5』、八六頁）

ここからよだかが、つぎのように思考を展開していくことは、あまりに自明なことであるだろう。

（あゝ、かぶとむしや、たくさんの羽虫が、毎晩僕に殺される。そしてそのたゞ一つの僕がこんどは鷹に殺される。それがこんなにつらいのだ。あゝ、つらい、つらい。僕はもう虫をたべないで餓《う》ゑて死なう。いやその前にもう鷹が僕を殺すだらう。いや、その前に、僕は遠くの遠くの空の向ふに行ってしまはう。）

（同書、八七頁）

当然のことながら、夏の夜の一夜限りの生命かもしれない羽虫を食べること、短い時間しかいのちを送らない甲虫を食べることは、そもそも食物連鎖上のこととしてやむをえないことである。それにそもそもこの話は、もともとはよだかが自分の生のどこかに困難を抱えていて（それはわれわれすべての鏡だ）、それが次第に、他の生き物を殺して食べているという事実の問いに転化され、そのなかで自分も鷹にいずれ食べられるだろう、それならば自分は何も食べず絶食し、空の彼方へ消えてしまおうというはなしにさらに転変していくものである。

よだかは大犬座の方に向かい億年兆年億兆年かかるといわれても、さらに大熊星の方に向かい頭を冷やせといわれても、なおその行為をやめることはしない。結局よだかは最後の力を振り絞り、自らが燃え尽きることにより、自己の行為を昇華するのである。

食べるという主題がここで前景にでているわけではない。むしろまずよだかにとって問題なのは、どうして自分のような惨めな存在が生きつづけなければならないのかということであった。そしてその問いの先にあるものとして、ふと無意識に口にしていた羽虫や甲虫のことが気にかかる。そして自分の惨めさを感じつつも、無意識にそれを咀嚼《そしゃく》してしまっている自分に対し「せなかがぞっとした」「思ひ」を感じるのである。

よくいわれるように、このはなしは食物連鎖の議論のようにみえる。確かに表面的にはそう読めるだろう。だがよだかは、実はまだ自分が羽虫を食べることがつらいのか、自分が鷹に食べられることがつらいのか、たんに惨めな存在である自らが食べ物を殺して咀嚼することがつらいのか判然と理解しているわけではない。これはむしろ、主題としていえば、まずは食べないことの選択、つまりは断食につながるテーマである。そして、そうであるがゆえに、最終的な星への昇華という宮沢独特のストーリー性がひらかれる仕組みになっているようにもみえる。

ここで宮沢は、食物連鎖からの解放という（仏教理念として充分に想定される）事態だけをとりだすのではない。むしろここでみいだされるのは、心が傷ついたよだかが、それでもなお羽虫を食べるという行為を無意識のうちになしていることに気がつき「せなかがぞっとした」「思ひ」をもつという一点だけにあるようにおもわれる。それは、人間である（ひょっとしたら同時によだかでもある）われわれすべてが共有するものではないか。そしてこの思いを昇華させるためには、数億年数兆年彼方の星に、自らを変容させていくことしか解決策はないのである。エコ・ロゴスの〈彼方〉にある、宇宙に超出するよりほかはないのである。

動物と人間が混交する「注文の多い料理店」

これに対して「注文の多い料理店」は、ストーリーにおいても単線的でわかりやすいものだ。それは食べるということにまつわる問題をダイレクトにあつかったものである。人間が食物連鎖のなかで食べられるものでもあるということを、ここまではっきりと描いた作品もまた珍しいのではないか。

その主人公である、イギリス風の格好をした紳士はそもそも、動物を狩ることを目的としている（遊びで他のいのちを殺しているのである）。狩りがふるわないときには、ある程度のお金を払って獲物を買うか、ということにもなる。まさに自然のなかで、人間と自然とを分離させてしまい、そこであくまでも人間側にいると信じて疑わない彼らは、おなかをすかせた狩りの途中でみつけた山猫軒というレストランで食事をとろうとする。あとのストーリーは、よく知られたものだろう。レストランで身なりを綺麗にし、コートや金物を外され、クリームを塗ることを指示され、注文が多くてすみませんといわれつつどんどん奥へ案内される。彼らは最後の段階で、塩を体にすりこんでくださいね、といわれるときに、ようやくあまりにおかしい、実は自分たちこそがこのレストランの料理の材料なのではないかという事実にはっきりと気づく。そこで大どんでん返しが起きる。向こう側から、気づかれたかなという声がするとともに、紳士のものとおぼしき犬が乱入し、すべては夢想のように消えていく。しかしこの紳士たちは、一種の宮沢のはさみこんだ諧謔なのであろうか、最後の最後までなけなしのお金をはたいて、狩りの成果の代償品を調達するという滑稽な振る舞い（何も獲物がないときに、山鳥をわざわざ買って帰るのが習慣なのである）をするのである。

そこでは動物と人間との「混交」が明示的に描かれる。たとえばレストランで働いている動物たち、具体的には鍵穴からのぞいている下っ端調理師とおぼしきその連中の会話がもれ聞こえてくる。

「あたりまへさ。親分の書きやうがまづいんだ。あすこへ、いろいろ注文が多くてうるさかつたでせう、お気の毒でしたなんて、間抜けたことを書いたもんだ。」

「どつちでもいゝよ。どうせぼくらには、骨も分けて呉《く》れやしないんだ。」

（『宮沢賢治全集8』、四九頁）

「よだかの星」では、自らの存在の卑小さと、自分がそれでも大量のいのちを殺して食べることとが、横滑りしつつ混交されていたのに対し、むしろ山猫軒における動物たち（猫）では、紳士である人間の立場が完全に逆転しており、そのことが動物たちに（動物たちにだけ）自明になっていることがポイントとなっている。あるいは、人間と動物の立場なんていつでも逆転しうるのだということへの視角が、明確に示されることが重要になっているのである。

こうした宮沢の議論は、森羅万象にまで拡がっていくカニバリズムのテーマをあつかうものへと進展しているといえる。紳士たちは、自分が「食べる存在」であることを微塵にも疑っていない。しかし事態はどうにも逆であり、そのうち自分たちも、自分たちが狩っている動物と同様に「食べられる存在」であるという事実を突きつけられる。もちろんこれ自身は童話作品なので、ストーリーの展開はむしろホラー仕立ての色彩が強い。そして、そうした状況においてなお、帰りに鶏肉を買っていくこの紳士たちの業《ごう》の深さは、読む者を驚かせる。

ここで考えるべきことは、人間と動物とが、それぞれ言葉をかわすことのできる対等な存在であるかぎり、何かを食べるということは、いつもどこかでカニバリズム的な要素を含むということではないだろうか。そこでは、動物が動物を、そして人間をも食べるという、野生世界のなかでは当然の事態に直面したときに、カニバルの業が人間という枠組みを越えて成立することがかいまみえる構造になっている。この方向での議論の極限は、もちろん「よだかの星」の結末が示唆する絶食と自死である。食べることにおいて、実は動物と人間とは実際に対等である。どこまでいっても、人間がいかに自分は食物連鎖の頂点にたっていると考えたところで、やはり対等なのである。

確かに「注文の多い料理店」の紳士たちは、そのことに徹底的に無自覚であるがゆえに滑稽である。だが、「注文の多い料理店」は、まさに「食べる」ということの、タブーと連関する極北の位相が、動物と人間との差異もなく拡がっていくことを示すとともに、彼らの滑稽さは日常の食の構造に無自覚なわれわれ自身の滑稽さであることも当然描かれてしまう。吉本が考察する宮沢の「ほんたうの思想」は、おおもとは「銀河鉄道の夜」からとったものであるが、こうした根源的なカニバリズムという事態においてこそ、その意味が際だつのではないか。

それが決定的に示されるのは「なめとこ山の熊」においてである。

「なめとこ山の熊」と、自然と人間の対等性

すでに記したように吉本隆明は、著作『宮沢賢治』の第Ⅳ章「「銀河鉄道の夜」の方へ」のなかで、宮沢がしきりに「ほんたうの考え」「ほんたうの幸い」という表現を問い詰めていることに注目している。この議論はジョバンニと博士との会話のなかで、さまざまに展開されるものである。ところが吉本が宮沢から読みとっている重要なことは、ここでの「ほんたう」という形容詞には宮沢が帰依する法華経の宗教理念がはいりこんでいるはずなのに（「それは生涯揺るがなかったようにみえる」と吉本はいう）、一種の自然の物語を展開する宮沢は、何が「ほんたう」かを提示しえないという事実にある。宮沢は、「ほんたう」ということの内実をどこかでつかみながらも、それを説明するため、さらに「ほんたう」という表現を使い回し、同語反復に陥ってしまっている。「だが何故それを「ほんたう」や「いちばん」の幸福、神、倫理だと直指できないで、同義語を解明するために同義語をつかうという循環を出ようとしなかったのか」（同書、一九五頁）。

これに対する吉本の答えはこうだ。

「その理由のひとつは「ほんたう」や「いちばん」が可能になる必須の前提が「ほんたう」や「いちばん」が「ほんたう」でないものの「いちばん」でないものよりも、下位にあること

を認識していることだ。そんな背理を、賢治がじっさいに知りつくしていたからだとおもえる。」

（同書、一九五頁）

相当に難しい文書であるが、少しかみ砕いてみる。「ほんたう」ということは、いわば自然のなかでわれわれがいる位置は、他のものに対して相互に徹底的に等しいということを意味している。

宮沢の根源的な視点である宇宙や銀河や鉱物からみたとき、個々の生きものの苦悩や悩みは、あまりに卑小なものであり、はっきりいえばあまりにどうでもよいものである。それは真実だ。しかし、卑小なわれわれは、いつも何かに悩み、何が「ほんたう」かを求めつづける。それはある種の序列をつけることでしか説明ができない部分がある。

羽虫を食べるよだかは、どうして自分が羽虫に食べられないのか。そして鷹に食べられるのか。通常レストランで食事をする紳士は、どうして鶏や豚を食べることが普通であって、自分が食べられることが普通ではないのか。誰もが考えてしまうことである。だがいかに考えても、なかなか「ほんたう」のことにはいたれない。そこで「ほんたう」のことを考えると、どうしても何がより「ほんたう」で何がそうでないのか、何かの序列をつけて示すよりほかはないからだ。

よだかは絶食するかもしれない、紳士は猫にレストランで食べられるかもしれない。それを丸ごと肯定することも可能である。だがそれもまだ「ほんたう」ではない。それは、ある種の食物連鎖の序列を疑念にふしたり、それを逆転させたりすることで思考を迫ってはいるものの、それだけでは序列をすでに肯定していることであるからだ。ではどうすればよいのか。「ほんたう」のこととは、「ほんたう」のことが何かという問いの序列を徹底的に壊すことからしかとりだされないのである。

吉本は、この小論のなかでさまざまな宮沢の著作をあつかいながら、「なめとこ山の熊」という作品におおくのページを割いている。このことは「ほんたう」を求める観点からみて、重要なことのようにおもわれる。「なめとこ山の熊」は、直接的に食べる／食べられるにかんする議論ではない。ただこの作品は、きわめて大枠的な意味で、食べることの相互性について深い洞察を与えているものと考えられる。

この作品も、さして複雑なプロットをもつものではない。小十郎という猟師がおり、熊を狩ることをなりわいとしている。人間の普通の経済活動である。ただ小十郎は、熊を殺したくて殺しているのではない。小十郎は熊にこう声をかけもする。

「熊。おれはてまへを憎くて殺したのでねえんだぞ。おれも商売ならてめへも射《う》たなけぁならねえ。ほかの罪のねえ仕事していんだが畑はなし木はお上のものにきまったし里へ出ても誰《たれ》も相手にしねえ。仕方なしに猟師なんぞしるんだ。てめへも熊に生れたが因果ならおれもこんな商売が因果だ。やい。この次には熊なんぞに生れなよ。」

（『宮沢賢治全集7』、六〇頁）

小十郎は、ほかの宮沢の作品の主人公と同じように熊の会話が理解できる。熊の子供が母熊と楽しそうに会話をし、甘えているのをいとおしそうにみまもっている。彼はけっして熊を殺したいわけではない。小十郎がこの世に生まれてしまったことはひとつの因果である。そして熊が熊であるのもひとつの因果である。小十郎が生活のために熊の皮や肝を売るのもやむをえないひとつの因果である。そして小十郎が楽しそうな熊の親子の会話をきいて、母子を驚かせないために「音を立てないようにこっそりこっそり戻りはじめた」のもひとつの因果である。これらのことに何の矛盾もない。

そうした小十郎はあるとき、一匹のおおきな熊を仕留めにかかる。そのとき熊は、なぜおれを殺すのかと小十郎に問う。毛皮と肝が欲しいだけだ、それがダメなら栗か、しだの実を食べて、おれも死ぬよと小十郎はいう。すると熊は二年ばかり待ってくれないか、二年たったら、おれの毛皮も胃袋もお前にやるよといってたち去っていく。

「熊はもう小十郎がいきなりうしろから鉄砲を射ったり決してしないことがよくわかってるというふ風でうしろも見ないでゆっくりゆっくり歩いて行った」(同書、六六頁)。そして二年後のある朝、家の前で何かがたおれた様子がして外にでたら、その熊は口から血を吐いて倒れていた。小十郎はおもわず熊を「拝む」。

別のある日、小十郎が家をでるとき、どうも水につかりたくないということをいう。九十になる小十郎の老母は「何か笑うか泣くかするような顔つき」をする、吉本も指摘するように、これは死の予兆以外の何ものでもない。その日、突然おおきな熊が現れ、おもわず小十郎を殺してしまう。そしてその熊はいう。

「おゝ小十郎おまへを殺すつもりはなかった」（同書、六九頁）。小十郎の目の前にはちらちらと青い星のような光がみえる。小十郎はおもった。「これが死んだしるしだ。死ぬとき見る火だ。熊ども、ゆるせよ。」（同上）。

自然の力を受容する

吉本はまず、小十郎が射つことなく、そのまま山に返す熊と小十郎との関係について、つぎのようにのべる。

「熊はすでに人間化し、約束し、約束を履行して、じぶんから死んで身体を投げだす。ほんとにはありえないが、作者の理念のなかではじぶんの生命を喰べさせる菩薩の行為としてありえた」。そしてつぎのようにつづける。「たがいに好意をもちながら、切迫した場面では相手を殺さなければ、逆にじぶんの方が殺されてしまう関係にあるもののあいだで、どうすれば納得がゆく関係がつくれるか。それを解きあかそうとして作者はこの場面をこしらえた」（吉本隆明『宮沢賢治』、二一一頁）。

そしてまた最後に、熊がその気もないのに驚いて小十郎を殺してしまう場面について、そして小十郎がそこでの死の間際にこれまで殺した多くの熊たちに許しを請うた場面について、このように記す。「死の贈与をうけたものが、死を贈与することになった宿命と釣合っているのが、この光景だといえる」（同書、二一四頁）。

ここでの吉本の主張を、吉本自身の表現を使いながらいい直してみる。宮沢はここで「自然のなかの生物の秩序を、摂理として諦める考え方に挑戦しようとしている」が、そこで同時に「人間（ひと）が生命の反復と延命をまっとうしようとして、自然の生命循環の秩序のうえに生活の秩序という余計なものをつくりあげ、自然の秩序をなおさら複雑に、みにくくしてしまっていることにも異議をたてている」（同書、二一五頁）。

よだかが羽虫や甲虫を食べて生きることに、擬人化したよだかは異議を唱えている。それは、自然に対するおおきな抵抗である。「注文の多い料理店」の、いささかホラーめいた説話は、食べるものと食べられるものとの主客を逆転することで、いわばそうした抵抗の根底をなすかもしれない対等性をかいまみさせるひとつのプロットである。

ただし、「なめとこ山の熊」の小十郎は、そうしたすべての自然の循環を、致し方がないものとして受容し、そのなかで熊とまったくの相互的な関係を形成している。小十郎が熊と山で会話をすることは、もちろん人間の側の作り話であろう。ただその作り話のなかに、どこか人間でない（あるいは人間もそれに包括される）側の論理が確かに混入してきている。これが作り話だという側の者は、「生活の秩序という余計なもの」にすでに荷担している。

だが、熊が小十郎にあと二年待てといい、二年後に死を迎える熊が約束通りにやってくるのは、この世界におけるひとつのリアルなのである。そうした「自然の贈与」の「約束」がなければ、実際のわれわれの生活は成りたたない。小十郎が熊を殺しながら熊に殺され、そこで「熊ども、ゆるせよ」とつぶやくことはまさにリアルなのである。小十郎がそこで、青い星というかにも宮沢的なコスモロジーの色彩をもった熊たちにみおくられつつ死んでいくとき、それは吉本の言葉でいえば「生命の秩序と差異を緩和し、ひとつに融かしてしまう代償」としての「悲劇」なのであるが、それはそっくりうけいれるべき死なのであり、これまで熊たちとともに生活していた自分にとって、面倒な「生活の秩序」を消し去ってくれる自然の力なのでもある。

その自然において、小十郎と熊とは自然の存在としてまったく対等である。そしてそこでの生活という意味でも、熊には熊の生活があり、小十郎には小十郎の生活がある。それはある位相において、本来はまったく対等なものである。殺すことは、そこではやむをえない。それは生活の必然性のなかの出来事だからだ。しかし殺されることもやむをえない。それはもちろんのこと、殺すことによって何かを贈与されている代償であるからだ。それはいかなる自然のヒエラルキーを想定しても消し去りえない等価性の露呈なのである。そこでは、自分が死ぬことによって自分が生かされるというのが、どこまでも「ほんたう」のことなのである。

吉本は、あえて「ほんたうの考え」という「銀河鉄道の夜」で使われた、言葉の限界を越えているような表現を明示するために、この小十郎のはなしをもってきている。このはなしは、作り話だけが描きうるリアルさを提示する点において、まさに何が「ほんたう」かをいかに宮沢が問い詰めていったのかを的確に示している。生活の秩序の側にいるわれわれ、つまり雑賀の言葉でいえば、「罪刑法定主義」としての言葉の側にいるわれわれが、その彼方の領域をどうやってみればよいのか、直視しえない薄暗い領域でありながら、それに対して何かをいわざるをえない、しかしながら何かの言葉をだせば必ず嘘になる領域を、どうあつかうべきかへのひとつの答えがここにはある。まさに宮沢は『エコ・ロゴス』の〈彼方〉にいる。

拡張されるカニバリズム

この三つの、物語としてけっして長いわけでもなく、また宮沢の作品としていえば中心視されるわけでもない作品は、しかし食べることの哲学にかんするある根底をそれぞれに探っている。最後にそれについてまとめておこう。

食べることとは「生きているもの」を食べることであるという点については、この書物の最初に指摘しておいた。われわれは生きなければならないので、同時に食べなければならない。しかし食べるものは生きているものであるので、それを殺すことが前提になる。現今の論理でいえば矛盾である。しかし生きつづけることは、この矛盾をのみこむことでもある。ただそののみこみ方はさまざまだ。

雑賀の『エコ・ロゴス』を読みながら論じたことは、われわれは殺していいもの、殺してはならないものを無意識のなかで選別しているということであった。それはカニバリズムの忌避として、人間は人間を食べないということ、人間が人間を食べることには、得体の知れない掟がかかっており、そこにはけっして明示化できない領域があるということであった。

宮沢が提示していることは、人類がカニバリズムを避けるという事態をさらに拡張したものであるといえる。自然のなかにある生き物と人間とは、それぞれが捕食関係にある。両者の差異を狭めていき、その境界をなくしてしまうと、実はすべてがカニバリズムの忌避にひっかかる。このことは無視しえない論点である。

当然のことながら、人間は自然の一部である。レヴィ＝ストロースがいうように、自然と文化とは、神話の場、料理の場、性と家族の場において、どれだけ対立的であっても、同時にまったく対称的でもある。食べるものがあり、食べられるものがある。殺すものがいて、殺されるものがある。これは真実だ。そしてそれは生態系の計算やら生命の配置やらにしたがって発生しているともいえるが、しかしそれだけではない。それでは、ミクロな現場はとらえられないことになる。そこでは循環ではなく、ある種のまったき対称化がどこかで挟みこまれてくる。そしてそれこそが、宮沢のいう「ほんたうの」世界、法華経的な宇宙性をも含みこんだ世界である。確かに宮沢は、人間の言語を使いつつ、作り話としての動物の生活を示しながら作品を描いている。だが、宮沢の書くものは、そうした作り話によってしか描きえない「ほんたう」のことである。

いいかえればそれは、生きるものを食べるわれわれの試みとは、すべてがカニバリズムでありうるということではないだろうか。これは、結局は否定しえないことである。人間の側の事情によってそれをどれほど拒絶しても、そのことはどこかで人間もまた食べられるという一種の現実によって覆されるだけだからだ。むしろ宮沢は、喜んで覆されることの理想を探っている。小十郎のように山で生活するものは、はじめからそんな制限が覆された世界でしか生きていない。そして農業というものをなりわいとして生活し、そのなかで生きているものはすべて、ある意味で宮沢的な「ほんたう」のことはわかっているはずである。農耕の悪もわかっているはずである。ただわれわれにのしかかってくる「生活の秩序」は、それこそ年々複雑化していく。この「複雑化」はますます生の根底をみえなくさせている。そのこともまた、みな知っているがなかなか口にはださない。

宮沢のこうした問題群は、さらには農業そのものの問題性、何も食べないことの問題性（これには最終章で触れようとおもう）、それでも何かは食べてもいいのではないかという問題性（これはヴェジタリアンの問い、宮沢の『ビヂテリアン大祭』などで展開されている議論に典型的であろうし、のちの章でイルカ・クジラ漁をあつかうことにも関連する）などに拡がっていくものである。

こうした問題系を念頭におきながら、つづく二つの章では、問題をもう少し具体的な側にたって、いってみれば宮沢的な、あまりに徹底した宇宙大に拡がっていく方向にというよりも、もう少し身近な事例をとりあげながら論じてみたい。それは宮沢が掘り下げた食の哲学の深度を、別の方向から示してくれるものとなるだろう。

第四章　食べることは教えられるのか──「豚のPちゃん」から学ぶこと

いのちの授業の記録「豚のPちゃん」

食べることは教えられるのか、というテーマに移行したい。もちろん、古典的な食事のマナーの伝授も、現在さまざまにおこなわれている食育も、食べることの教育の一種である。しかし、食べることの哲学という観点からは、食にまつわるある種の「残酷さ」は、教育のなかでどのようにあつかいうるのかがおおきなポイントとなる。ようするに、われわれにとってタブー視される場面は教育可能なものなのか、それともこの領域が生活にとって「暗い向こう側」であるのと同様に、やはり教育という「明るい」現場にではなく「暗さ」のなかにとどめておくべきものなのか。

これを考えるために、大変優れているとおもわれる素材がある。それは「Pちゃん」という豚を、小学校四年生のときから育て、卒業時にはみんなで「殺して」「食べて」いくという「実験的」授業を試みた、大阪の能勢町における、ひとつの「いのちの授業」の記録である。

現在は京都教育大学の数学科の教員になっている黒田恭史が、一九九〇年から一九九三年にかけておこなったこの授業については、黒田の『豚のPちゃんと32人の小学生』(二〇〇三年、ミネルヴァ書房)、という書物にまとめられている。またこのはなしは、『ブタがいた教室』という映画として妻夫木聡主演で映画化されてもいる(二〇〇八年)。

この授業にはそもそもテレビカメラがはいっており、フジテレビ系で何回か放送されている。だが、前掲した黒田の本の終わりの部分をみると、この授業のドキュメンタリー映像は、はじめはNHKスペシャルで放映される予定であったのだが、「これは教育ではない」という批判をNHK局内でうけたため放映することができず、最終的にはフジテレビの「今夜は好奇心」という番組で全国放映された(一九九三年)。この映像はその後、「たけしの日本教育白書」でもとりあげられており、私もすでに明確な記憶はないが、それらのどれかの放送が、深夜枠で再放送されたのをみてかなりの衝撃と言葉にできない感想をもったという覚えがある。それ以外にもこの授業は、さまざまな教育教材として利用されているので、教育学の授業をうけた学生などは、何らかのかたちで映像をみたことがあるかもしれない。

この教育は、一般的には相当無謀であると批判されるが、事例として考えたとき、大変重要なテーマを突きつけてくることは間違いがない。各種映像は、いかに編集されたものであれ、あるいは映画化されるときには何らかのストーリー化がなされているとはいえ、まさに鮮明に、教員である黒田の表情やさまざまな困惑、小学生たちの喜びと悲しみを伝えているからである。

この授業はいわゆる「いのちの授業」として実験的におこなわれたものであり、結果としては、NHKで放送されなかったことからもわかるように、「教育」として成功しているとはいいがたいだろう。黒田自身も、自身の書物の最後で、テレビ放映のあとにものすごい苦情があったと明記している。たぶんこれをいい教育だったというひとはあまりいないとおもうし、逆にいえば、そもそも「いのちの教育」などという困難な教育を、きわめて若く、はじめて担任をもった教員に任せた学校のほうもどうかとおもう（しかし、逆にいえばヴェテランの教員では到底こういう、どうしたところで批判をうける授業をやるエネルギーはないだろう。それはそれで致し方がないのかなともおもえる）。

私は教育学者ではないし、教育学のセオリーや、小学校の現場を（はるか昔の自分の経験以外では）知るよしもないので、教育論としてこのテーマを語ることはできない。私がここで書きたいことは、この試みから、教育という現場を通じた食と生、そして食と社会との関係性について、実におおくの内容を論じうるということである。

そしてその結論は、黒田が試みようとしたことはそもそも不可能であるのだが、その不可能な試みをあえて映像で残すことによって、教員・これから教員になろうという学生（彼ら彼女らに黒田は自分の試みをみせている）・現場の小学生（その十数年後の姿をテレビは追いかけている）にも明らかになってくることがあった、それはそれでよいのではないかということである。失敗に終わる試みが悪いわけではない。試みというのは大抵が失敗であるのだから。

Pちゃんのあらすじと、その顚末

「豚のPちゃん」のあらすじは、いうほど複雑なものではない。山間の小学校に赴任してきた若い教員が、いのちの授業の担当を任される。教員は、ともあれ豚を飼ってみて、それを三年後（小学校四年生の担任であるので、卒業時）に食べてでていくということを基本前提として小さな豚を飼いはじめる。

ここはポイントだとおもうのだが、その豚には、「Pちゃん」という名前（固有名）が、いつしかつけられてしまう。最初はびくびくしていた子供たちも、次第に「Pちゃん」のあつかいに慣れていく。豚が綺麗好きであること、豚にもさまざまな好き嫌いがあるということ、掃除の仕方、これらを順次学んでいく。豚と接触して、戯れていく子供たちの姿をみるのは楽しい。

他方、先生のほうも、いのちの教育という観点について忘却しているわけではない。豚は典型的な食材なので、日々の給食のなかでも豚を食べさせ、テビチ（豚足）料理など、豚の形態をそのまま残した食事をわざととりいれたりもする（妻夫木主演の映画のなかには食肉加工業者の父親もでてくる）。豚がおおきくなれば、それに即して豚小屋を建て替えなければならない。また餌の代金の問題もある。小学生たちはこうした問題を、いろいろな工夫をおこなってクリアしていく。ここまでは問題はない。大変に普通の、生物との共生の授業であるかのようにみえる。

しかし三年の歳月が流れると、ここで授業の様相は一変する。実際にはすでに三年も飼育した豚（三〇〇キロを越えてしまっているそれ）を、先生なり小学生なりが、殺すとか解体するとかはそもそも無理なはなしである。

あとでも、比較のために話題とするが、この試みが鶏の飼育と鶏鍋と何が違うのかといえば、おそらく問題そのものは変わらないのだが、鶏は成長しても「小さい」「容易に殺せる」ということがいちばん重要な要素なのだろう。そして、鶏を締めて鶏鍋にすることは、少なくとも日本の農村の軒先では、少し前まではさほど珍しい事態でもなかったはずだ。だが豚は、そもそもおおきさや力が違う。またこんなに育った豚は一般的には固くて人間が食べられるものではない。

かくして小学校六年生のとき、殺してみんなで食べてでていくというもくろみは、豚の「Pちゃん」という呼称をもってそれと遊ぶ子供の「情感」とともに、かなり非現実的なものになっていく。しかし月日は流れ、「Pちゃん」の行き先を決めなければならなくなる。

ここで面白いのは、選択肢が四つ示されたということだ。一つ目はもちろん自分たちで殺して食べる。二つ目は農場で飼ってもらう。三つ目は食肉加工業者に連れていく。そして四つ目が下級生にひきついで任せるというものであった。はなしの流れは、やはり自分たちでは食べられないだろうからと一番目が消え、ついで農場で飼ってもらうためには飼育料そのほかの金銭的な問題が生じるのでこれもダメだということになる。

しかしここですでに、あれ、とおもう感想がないわけではない。授業の冒頭では自分たちで食べてでていくというのが目的であったはずなのに、ここではその選択肢がほぼ無条件に最初に消えてしまう。そこからの小学生たちの激論が、映像のおおきな核になるのだが、不思議なことに、そこで自分で殺して食べようという意見はでてこない。

ただし、この選択肢は、実質上は食肉センターにひきとってもらうということで代替されているともいえる。繰り返すが、おそらく体重三〇〇キロになった成獣の豚は、もはや普通の意味で人間の食用に供されうるものではない。その行き先は、さまざまな肉食獣の餌になるよりほかはないだろう。だからこれは、象徴的な意味では、自分で殺して食べるということの代理になっている。だがこの代理化が正しいかどうかは検証されない。

さて、この学級で最初にだした答えは、下級生にひきつぐというものであった。これは授業の最初の趣旨からは外れるかもしれないが、常識的にいえばいちばん穏当といえる結論である。これではなしが終われば、この学年にとっては「Pちゃん」との楽しい想いだけが残り、めでたしであったのかもしれない。しかしながらこうなった途端、これは「食の教育」「いのちの教育」というポイントから相当にはずれたものになることは確かだろう。

それがゆえであろうか、これに親たちから、ある種の苦情がでる。つまり下級生に「Pちゃん」を任せるというのは、この学年にとってはよいことかもしれないが、しかしそれは問題を先送りするだけではないのか。どこかで「Pちゃん」を（嫌な言葉だが）始末しなければならない。それを視野にいれて自分たちではじめた企画なのに、自分たちで終わらせないというのはあまりにいい加減ではないのか。この点では、親のいうことがもっともにおもえる。

ここから侃々諤々《かんかんがくがく》の小学生たちの討論がはじまる。食肉センターに連れていくという子供が一六人、下級生に譲るという選択をした子供が一六人、ともに一歩も譲らない討議がおこなわれる。

一六対一六という多数決が、本当にいのちの授業に馴染むかといえば、それにも疑問がある。この手のはなしと多数決とは、必ずしも適合性があるわけではないからだ。しかしこの一六対一六という対立の構図はこのビデオの最後までつづいていく。

「責任」と「無責任」

ここで子供たちの「なまの」討議をきくときに、どうしても強く印象に残る言葉がある。それは「責任」というものである。

食肉センター派の子供はいう（以下はおおよその発言内容を筆者なりに書き直したものである）。「下級生に任せて、それで下級生がもう「Pちゃん」を飼わないという選択をしたとする。そのときには自分たちはそれに関与できない。無責任になってしまう」「そもそも下級生たちにとって、三〇〇キロの「Pちゃん」は危ない。無責任ではないか」。逆に下級生派の子供はいう。「責任をとるというのは、「Pちゃん」に一日でも長生きをしてもらうことなのではないか」「問題を解決する方向にもっていかないと、仕方がないのではないか」。

ここでは大変に困難な問いが提起されているといわざるをえない。ここまでは食べるという主題に対して、自然と人間との対等性を考えてきた。しかし「Pちゃん」は、明らかに自然の存在者ではない。ここで責任が云々される前提として、「Pちゃん」はすでに人間が（畜産という計画的テクノロジーのなかで）産みだし、そもそも飼われる以外にはありえないものだということがある。それゆえ、食べることにかんする責任は一面で緩和され（もともと「Pちゃん」は食べられるために産まれたものなので、そこで再び責任をいうのはナンセンスである）、一面は激化する（どこで誰が殺すかの選択が、すべて人間の側にかかってきてしまうので切りたった議論になりうる）。

そこで、多数決では一六対一六のまま、身動きのとれない状態を前にした先生は、あえて「Pちゃん」の前に子供を集め、食肉センターに連れていきましょうという「決断」を下す。これはもはや、どちらがよい、どちらが正しいという類いの決断ではない。そしてそこで先生は子供たちに「もう悩まなくていいから、自分で負わなくていいから」という趣旨の発言をする。これは明らかに、もはや子供たちが負っている「Pちゃん」の生死にかんする責任の解除である。そしてこの決断は、私には賽子《さいころ》投げのようなもの、どっちでもよかったもののようにもおもわれる。ここにおいて、私はこの先生は、すべての責任解除をして、それによって責任を自分に集めようとしながらも、本質的には「無責任」だと感じられるのである。だがそれは、この先生を非難しようということではない。この手の選択が突きつける先は、どこまでいっても「無責任」であるよりほかはないのであり、この先生はそれを実にはっきりと示したともいえるのである。

「Pちゃん」が食肉センターに送られる日は、このクラスの子供にとって、まさにビデオでもいわれているように「第二の卒業式」であり、そして「葬送」にきわめて酷似するものであった。子供たちがひとつずつのトマトを「Pちゃん」にあげ、「Pちゃん」がそれを貪り食う姿はいささかの安心感を与えるが、これこそが別れの儀礼であることは、みなわかっている。

そしてもうひとつ、テレビ映像が追いかけ、そして書籍化された本にも含まれるこの試みの特徴は、この授業（九〇年～九三年）をうけた小学生たちが、その後どういう感想をもったのかを調べているということである。ビデオでは二人の卒業生がでてきて、今あの授業を自分の子供にうけさせたいかという問いに、肯定的に応答している（たんなるドキュメンタリーではなく、こうしたインタビューをなすことには、私は大変な好感をもった）。他方、先生の書いた本のなかでは、三二人の同窓会のはなしが、テレビ局側の企画としてでてはくるが、電話でそれぞれの近況をきく先生は、それは何かが違うのではないかと判断したということである。「Pちゃん」の授業は、それはそれで完結している。そして当然ながら思春期をさまざまに迎え、すでにその時期を終えた子供たちは、ある意味でこの授業をそれぞれに咀嚼し、あるいはすっかり忘却し、それぞれの生活にはいっているはずである。すでに小学校の教育現場に自分もいない先生が（この段階ですでに黒田は大学の教員であった）、三二人の同窓会を開くことを諦めることに「ほっとした」という感情を漏らしているのは、私にはリアルで、かつ素直なことともおもえる。

食べることのリアリティとなぜ豚なのか

「Pちゃん」について考えるのには、いろいろな方法があるだろう。

まずは、これが「教育」としてどうなのかという観点からの検討がありうるだろう。もちろん、当時「いのちの大切さ」（あるいは今でも、ことあるごとに「道徳心」など）が本来の教育の現場にはいりこんだということがある。この試みも、一教員が考えた突飛なものではなく、そうした制約のなかでなされたものであり、また、最初からカメラがはいっていることからもわかるように、そもそも実験授業的な意味が強かったことは紛れもない事実である。

小学生相手に「実験」をするとはどういうことかという意見があるかもしれないが、私はそれ自身が悪いとはおもわない。むしろ定型的な仕方での教育だけになったときに、それに対する異なる視角を与えるためにも「破格の」教育は必要だとおもう。しかも、それも「いのちの教育」という、いささか得体のしれない、誰もどうすればよいのかわからない種類の授業においてである。このことに対して、黒田が果敢にとりくんだということは敬意を表すべきことだ（実体験としていえば、一九七〇年代半ばに小学生であった私の小学校の教師は、黒田と同じようにその後大学教授になったオーバードクターであった。工学が専門だったので理科の授業がそもそもかなり実験的で、何台もカメラをもってきて討論させたりもした。私は面白かったし、「Pちゃん」の授業を考えるときには、自分の小学校時代の先生を懐かしくおもいだす)。

にもかかわらず、「これが教育か」、という声がでることは、やむをえないことだともおもう。理由をいくつか列挙する。

第一に、「豚を飼う」「自分たちが食べているものはこうして生きているものだ、ということを子供にわからせる」という授業の設定まではよいとおもう。だが、その豚を卒業時に「食べる」ということまで最初に決めてしまうことに、どれほどのリアリティがあったのかといえば、それは相当に危ういことであったとおもう。

繰り返しになるが、三年飼うことを想定すると、豚は三〇〇キロを越えてしまう。したがって、いのちの教育の根幹である、「われわれは何かを殺して食べている」ということを実感させようにも、この先生にも生徒にも、豚を殺す選択肢は実はない(真面目に殺そうとすれば殺されるかもしれない)。もちろんここでは、「ダイレクトに自ら殺す」ことはポイントではないかもしれない。ただそうであっても、相手はニワトリではない。「パック詰めになった豚肉しかみたことがない。そんな豚肉がどこからくるのか知ってほしい」というのであれば、それは三年の年月をかけなくとも教育できることではないか。食用豚は、たいてい生後六~七ヶ月のものだといわれる。子豚を飼って数ヶ月で殺して食べる、ということのほうが、当初の目的にあっていたのではないかともおもわれる。

すでにのべたことだが、卒業時の選択からも、「自分たちで殺して食べる」ということは、いわば最初から選択肢として排除されている。最初の目的であったものが、最終的に達成されないことを、誰も問題にしない。これだけでも何か、授業の初期設定時点で、あまりきちんとしたプログラムがないようにみえる。

第二に、なぜ「豚」なのか、ということがあげられる。

ニワトリではダメなのか、カモではダメなのか、という疑念がこれにあたる。さらに寿命の短い生き物で食用可能なものであれば、この授業は、それほどの困難さを感じることなく進行できただろう（寿命と、殺すことの境界が曖昧にごまかせることは実は重要である）。

もっとも、今の日本の学校で、「ニワトリを絞める」ということが現実に可能なのかはわからないし、この授業からもう四半世紀が経過した現在の教育現場をみれば、それにも抗議がきそうだが、しかし食べているものが「どこから」くるのかを知るという意味では、より穏当なものとおもえる。ちなみに、牛であれ豚であれ、いわゆる食肉業者関係の「処理」の現場には、カメラすら容易にはいれない（数年前に、廃業する関係者が、そうした「処理」現場の伝統的な姿をカメラに収めて公開しているが、こうしたことは稀である。纐纈あや監督『ある精肉店のはなし』を参照）。日本に存在した、あるいは現在も存在する歴史的問題との連関があり、食肉業をありのままにカメラに収めることには幾重ものタブーがかかっている（ヨーロッパでは、もちろん肉食民族であるという自負がより強いからであろうがゆえに、殺す場面を平気で公開することもある）。だがそれでも、鳥の類いであれば若干抵抗感が薄くなるし、たぶんサカナであればほぼ抵抗感がないというのは、どういうことかをやはり考えるべきであるとおもう。

さらにいえば、この授業は植物であっても構わないはずである。それは、理科教育で日々おこなわれていることでもある。ジャガイモやトマト、サヤインゲンやナスやキュウリの類い、そして米の栽培であれば、簡単にそれは可能である。短い期間であるとはいえ、食べるものはこうして時間をかけて育っているということを体験できる。米を一年つくるだけでも、都会でしか育ったことのない子供は、相当な労力と、植物という生命の成長に驚くだろう。それだけで、自分が「何を食べている」のかはみてとれるはずだ。

どうして動物だけ特別視されるのか、個別的に多様な個性をもって育った生き物を「食べる」ということは植物でも同じではないか。これはヴェジタリアンに対する批判、つまりヴェジタリアンが「自分は無罪である」かのような振る舞いをすることは、「食と殺すこと」の関係において本当に正しいのかという問いにも通じてくる。この点にかんしては、次章のイルカ・クジラ漁の場面で、殺してはならないというときに問題なのは、知性なのか、痛みなのか、希少種であるという「数」なのか、もっと根源的なものか、を問う場面でさらに考えてみたい。ただ私は、現状の生命倫理学で流行になっている、ピーター・シンガー流の「動物の権利」論にはあまり賛成できない。この手の功利主義的議論には、どこか私自身が動物だという大前提が、論理的にも感性的にも欠落しているようにみえるからである。

名前と伴侶種

第三に、おそらくこれは「哲学」という側面からみたときもっとも問題となることであるが、この豚に、「Pちゃん」という「固有名」をつけたということがある。「Pちゃん」という「名前」をもった豚を食べられるか、これは相当に重要な問題である。最後の討論のなかで女子のひとりが「Pちゃんという名前のある豚は食べられない」と発言していたことは、リアルな実感であるとおもう。この女子は、「Pちゃん」が食肉センターに送られるときには泣くのに、家に帰ってカツカレーがでてきたら喜んで美味しそうに食べるかもしれない。だが、それが「矛盾した行為」とはおもえない。むしろ「矛盾」であるのかもしれないが、それをのみこんでいる点において、実際にその行為は、きわめて「人間的な」ものとおもわれる。それは何もおかしなことではない。

「名付け」というのは不思議な行為である。そのことによって、ある豚が「この豚」として特定されてしまう。なおかつ、このケースでは「Pちゃん」という呼称をすでに三年間にわたって先生も生徒ももちいているわけである。この豚は、ただ食べられるあれこれの豚ではなく、自分たちがかかわった唯一的な存在としての「Pちゃん」になっているし、それ以外のことはありえない。

この点について、近年、ダナ・ハラウェイという生態学者・生態人類学者が、「伴侶種」という概念を提示していることは着目に価するとおもう。それは、動物と人間という区分を越えて、人間社会のなかですでに伴侶として、情動面や生活の質にかかわっている動物が出現しているという認識にもとづいている。

もちろんその起源は門番としての犬（オオカミの変種）であったり、害獣駆除の猫であったりしたかもしれない。だが、とくに今後の先進国での高齢化、あるいは生涯独身率の上昇にともなう孤独化した生活に不可欠なものとして、そうした「合理的」に説明できる領域を越え、動物が人間生活に直接かかわる位相がより強くなっていることが示されているのである。これは、わざわざ「伴侶種」といわなくとも、ペットであるといえばペットである。そしてどこの世界でも日本でも、さまざまなペットが飼われてきた歴史がある。そしてときに、ペットと食べ物との境界が曖昧になることがあったとしても、そこにはある種の揺れを含んだ情動的つながりがあったことは確実である。

さて、「Pちゃん」の事例に戻れば、これはもう完全に「伴侶種」になってしまっている。他の豚でこの教育を代替することは不可能であり、まさに「この豚」でないとダメだという点で、相当強いマーキングがなされた伴侶種である。三年間という時間は長い。子供にとって、その時間の長さが大人と比較できないことは誰もがわかっているだろう。各種映像をみていても、そこでの子供と豚とのさまざまな触れあい、いろいろな豚の癖を知ること、実際に小屋を建て直したり、住処を掃除したりすること、こうした「伴侶種」的な関係が延々と築かれているのがわかる。このようにペット化されたものを、ある時点がきたから（生徒が小学校を卒業するから）という理由で、自然死でもないのに殺して食べるというのは、あまりに無理があるとおもう。

名前がついていないただの豚であるならば、実際には平気で食べる。しかし「Pちゃん」という名前をつけた以上、もはやその段階で、「パック詰めの豚肉」と「Pちゃんの肉」とは本質的に異なっている。視点を逆にして、豚の立場にたてば実際には同じことかもしれない。いずれ人間に殺され喰われるために、人間に計画的に生産された豚の立場からすれば、何が違うということもない。しかし人間にとっては、ここから拡張されたカニバリズムという禁忌を犯している感覚を排除することは不可能である。「Pちゃん」は仲間であるといった段階で、「Pちゃん」を食べることは、カニバリズムのタブーに抵触することになる。このことはけっして無視できないようにおもわれる。仲間を食べることは、やはり相当の場面でないとできない（それこそ難破船や飛行機事故や戦場がその舞台となるように）。名前と、三年にもおよぶともに過ごした時間、これらはもう「Pちゃん」を、食料としての豚でないものに変質させてしまっている。

ありうる反論・教育としての価値

しかし、もちろんのことながら、この教育にはそれなりの価値があったという意見も想定できる。この授業をそのまま反復したり、別のかたちであっても授業にとりいれたりするのは困難かもしれない。だがこれをひとつの事例として、食べることとの教育のあり方を考えることは充分可能である。それはこの授業が、あえていえば失敗であるがゆえに成功しているのかもしれないという、私が主張したいことにも深くつながることである。

その理由は、逆説的にきこえるかもしれないが、まずは先の批判の三番目の論点にかかわる。三年間におよぶ子供たちの活動の映像は、制作者が、意識的にせよ無意識的にせよ、比較的都合のいいところしか切りとっていないものかもしれない。映画であればなおさらそうであろう（ある種の現場のハプニング性は排除されてしまう）。しかしそうではあれ、そこでの子供と「Pちゃん」との生き生きした交流は実に鮮明に伝わってくる。生き物を飼う、先のハラウェイの言葉でいえば、普段はあまり身近にいない豚のような動物と「伴侶種」になることは、子供の成長のうえでも、視野を広げる意味でも、おおきな意味をもっていると素直に評価できるとおもう。

そのうえで、映像に残っているものでも、比較的それを忠実に再現した映画でもいいのだが、小学六年生としては、いささか異例といってもよいあの討議である。今どき、大人でさえ、自分の「責任」とは何か、何が「Pちゃん」にとって「責任」をとったことになるのか、ここまで侃々諤々とした議論をすることはあまりないだろう。それは、「Pちゃんを殺す」ということが、大人の世界で責任を論じるときには往々にして関連する金銭のからむ利害関係の問題ではなく、ある意味で「純粋」な「生死」をめぐる問いであったこととも、おおきく関連しているようにおもわれる。

　その側面からみれば、この授業はそもそも目的を果たしていないのではないか、それどころか、目的を達しようという意図さえ怪しいのではないかという議論に対して、むしろそこでのおおきな目的は、一連の過程のなかで子供が考え抜き、結論にはいたらなくとも、さまざまな事態を真剣に考えたこと自身にあったのだからそれでよいと主張することは、充分可能なのである。

　先の、ジャガイモやトマト、米作を題材とするだけでは、どうしてもここまでの討議はできないだろう。植物であれば、やはり生育の期間は「おおよそ半年から一年」であろうし、また実りの季節にその果実は、ある意味で植物の戦略としても「食べられる」ことを求めている（ある種の実が鳥や獣などによって食べられ、糞によって散布されることは、植物の生き残り戦略であり、植物が動物を利用している行為でもある）。それに対していえば、豚は、長い歴史のなかで人間の食用家畜として馴致されたものではあれ、植物とは違う圧倒的な存在感がある。そこには、豚が四肢動物であり、人間と同一の、相当に感情移入が可能な身体の構造をしているということが理由でもあるだろう。そういう動物を食べるということは、やはり直感的にカニバリズムをおもわせ、ショッキングなことでもある。そのうえで、三年の年月のうえに、名前もついた特定の豚である。これは子供でなくとも、選択に躊躇《ちゅうちょ》する主題になる。

　商品になった「パック詰め」の豚肉ではないものを食べるということは、とりもなおさず「この豚」「このいのち」「Pちゃんという固有名をもった何ものか」が食べ物になるという事実を突きつけられることであり、このこと自身は、人間が普段の日常のなかで目を背けたいことである。裏を返すと、「この私」でさえも、実は「食べられる」ものになりうるという、宮沢が示すような究極の場面に、どこかで通じてしまうからだ。ただし、そんな究極的なことは教育現場で果たしうることではない。それを本当に子供に押しつけてしまったら、たんなるトラウマになるだけだろう。だがそんなことがさすがにこの先生にわかっていないはずはない。そして、この究極の場面に、生徒の身体に危害をおよぼすことなく、討論というかたちで事態を昇華させたことは、一面では黒田は非常に巧くことを運んだといえなくもない。

卒業式を終えた数日あとで、「Pちゃん」を食肉センターに運ぶとき、泣き叫ぶ「Pちゃん」に対して（家畜はいかなるものであれ、自分が殺されるために連れていかれることを、本能的にわかっているとおもう）、ほとんど何をすることもなくたちすくむ子供たちが、「Pちゃんの痛み」を共有しないはずはない。ひとつひとつのトマトを「Pちゃん」に食べさせるその所作は葬式の儀礼の一部、つまり別れの儀式にもみえる。その意味で、この教育は確かにぎりぎりの線をいっているが、そこで、討論や儀式に事態を転化させることで、あるぎりぎりの線で踏みとどまってもいる。「いのちの教育」が成立するのは、こうしたぎりぎりの線上以外のどこにあるのだろうか。道徳教育が、往々にして愚にもつかない形式的で教条的な文言を教えこむだけになることに対比してみれば、この教育の意義は、やはりおおきいようにおもわれる。

教育における食と性

改めて言及するが、食と性が、自然と文化の境界を問うものとして、きわめて密接に関連したテーマであるということは、ここからも理解できるかもしれない。

性教育とは、学校教育にとってやはり鬼門であるとおもう。性は食と同様に、身体といのちにダイレクトにかかわる位相であり、同時にそこで、おおくのタブーや禁忌がある領域だからである。教育はそれを白日のもとに晒し、本来は「薄暗い」領域で「暗黙の内に」伝授されるさまざまなことを明言しなければならない。もちろん、望まない妊娠を防ぐための避妊の教育や、性感染症（とくにＨＩＶは深刻である）対策について、真面目にとりくんでいる試みは知っているし、そういうことが社会的に重要な意義をもつことも理解している。だが、性にかんすることは、やはりけっして表だって言葉にはできない。学校という、まったき「公《おおやけ》」の空間でそれをのべることは、いささか「含み笑い」をともなってしまう（もちろん性のタブーやそのあり方は、社会的・歴史的諸条件によって変化するが、身体の根本的な存在様式にかかわり、そのなかに相当な動物性が含まれるこの領域と教育との関係は、どの時代であれさほどおおきくは変わらないとおもっている）。

性の領域は、食の領域とともに、本質的に「薄暗い」、みながわかっているがあまりそのことをいわない部分を含んでいるのである。この「薄暗さ」に妙に明るい光をあてれば、相当に滑稽なことになる。フランスの哲学者ミシェル・フーコーは『性の歴史　第一巻　知への意志』で、こうした「滑稽な」学である精神分析の系譜学を暴きだしているが——そこでは性の言葉は抑圧されるのではなく、奇妙な「知」の意匠をまとって暴発的に膨らんでいき、この世界で蔓延することになる——生にかんする限界に触れるこの問題は、食についても同じである。

食と性についてのタブーが根源的で、それに触れるとどこか後ろ暗く、それについてあからさまに論じるのは困難であるか滑稽になるのは、それがどうしようもない人間の動物的条件にかかわるからである。食も性も、それ自身はきわめてポジティヴな事象である。動物的な身体は、この二つを欠いては成立しえない。だが人間は、自分の根源的な動物的身体性を意識せざるをえなくなると、何か直情的な反感を覚えざるをえない。性教育が、今の教育学のなかでどういう位置を占めているかは、これも私のよく知るところではないが、あまりに根源的であるがゆえに、安定した社会秩序のなかへの参入を使命とする教育には似つかわしくないものなのだとおもう。

さらにつけ加えておくと、教育とは科学と同じで、反復されること、そのなかで（完成されることはないにせよ）マニュアル化されることが必須なようにおもえる。それに対して、食も性も、もちろん儀礼化や秩序化するときには反復可能な側面が際だつが、しかし生の根底に触れるときには、その一回性こそが際だって突出するものなのだとおもう。「Pちゃん」は一匹しかいない。そうであるかぎり、これは「反復し、制度化させ、制度のなかに参入させる」ことを目的とする教育にはそぐわない。

しかしながら、私は「Pちゃん」の教育は意味がないとはおもっていない。この教育は、失敗することでしか成功できない。逆にマニュアル化して成功したら、それはもっとも深い意味で失敗でしかない。性教育もそうなのかもしれない。だから私は、黒田の試みは、実はこれでいいのだとおもっている。ついで「責任」という言葉とからめて、このことについて少し記してみる。

「責任」の多面性

子供たちのあいだでかわされる最後の議論のなかで、「責任」という言葉が頻出する。そして「豚のPちゃん」の前で、「Pちゃん」を食肉センターに送る決定をしたのちに、先生自身が泣きながら、「もう充分です、これ以上しんどくおもわなくていい」、という趣旨の発言をする。ここには責任という言葉はでてきていない。しかしながら、「しんどくおもわなくていい」という趣旨の発言は、「責任」をともなう「決定」について、その「解除」のための言葉であるようにおもえる。

いのちの教育にとって、あるいは食べるために何かを殺している私にとって、そこでの責任とは一体何なのだろうか。先にも記したがもう少し詳しくみてみる。

子供たちの責任をめぐる討議は、編集されたということを前提としても、「責任」という言葉のもつ多面性を考えさせるものである。もともと、下級生たちに委ねるということが決まりかかっていたときに、親の側から「それは責任逃れではないか、と私はいったんです」という発言がでている。自分で食べて卒業する。そう言明した以上、確かにそのことに向きあわないで、下級生に委ねるという中途半端な帰結になるのは、確かにいかにも「責任逃れ」である。これは正しい。

だがさらに問うと、そこでの責任とはより明確には何であろうか。子供たちはいう。「Pちゃんを下級生に委ねたときに、そこで処分すると決めたら、それは私たちが決めたんじゃないから、余計悲しいとおもうから、いま処分したほうがいいとおもう」。ここでは決定を下すことが、責任をとることにかさなっている。「三年生に委ねたら、もし三年生が怪我をしたらわたしらが責任をとるっていうことになるから……」。こうした意見もある。ところがこれに対して「少しでもいのちが延びるほうがいい」という声もある。少しでも長いこと「Pちゃん」を生かすことが、「Pちゃん」への「責任」のとりかただというのである。

何やら生命倫理における安楽死の議論をきいているようである。だが、いずれにせよ、それぞれの議論は至極まっとうだ。下級生に任せるのはそもそも「無責任」である。それは自分で「Pちゃん」を飼いはじめたという決定に反している。さまざまな危険を、そして「処分する」という最終決定を下級生に押しつけるのは「無責任」である。いや何であれ少しでも長く生きていることが「責任」である……どれもが正しいとしかいいようがない。ここでは端的な矛盾が起こっていても、それをのみこむしかない現場が現れてしまう。

正しく無責任であること

これに対して、最終的に黒田が下した決定も、みようによってはきわめて「無責任」である。食肉センターに渡す。もうこれ以上、この件は自分で何も負わなくてよい。こういっているようにみえる。これは、あれほどはなしあった「責任」の全面放棄である。

だが逆に、全面放棄ではない「決定」とは何かを考えれば、ここでの黒田の発言が「無責任」になるのは、実はやむをえないともおもう。

つまり、もし本当に「責任」をとろうとするのであれば、当初の言明にしたがって、「Pちゃん」を殺して食べるより他の仕方は本来ないのである。「このPちゃん」に向かってこれをおこなうかぎり、そのためには当の先生か、子供の代理かが、あたかも宮沢賢治の小十郎と熊との関係のように、一対一の殺しあいをするしかないのである。これは明確できっぱりとした責任のとりかたである。人間の文化は、そこで人間が死ぬことを避けるために、いろいろな儀礼をまとい（まさに象徴的殺戮をする儀礼はたくさんある）緊迫した事態を少しは緩和させるかもしれない。だが、常識的にいって（いかに象徴行為であるとしても）学校空間のなかでこうした振る舞いをなすことは、端的に無理である。つまり黒田は、どうしたところでこの事態に責任をとることはできないのである。

かくして下された黒田の言明は「無責任」なものであろうか。そうであろう。ただし、おそらくは、いちばん無難にことを処理し、子供に傷を与えないための措置として、彼の行動は正しいのだとおもう。かくして黒田は、まさに正しく無責任であったのだと私は考えたい。

正しく無責任であること、これが食と殺すことを目の前にした人間が、社会のなかで平穏に暮らそうとおもったときになせる唯一のことではないだろうか。宮沢の小十郎でさえ、普段は熊と交流し、熊を殺しながらも、自分の生活があるのだから仕方がない、田んぼも畑ももっていない身であればこうやって生きていくしかないとおもっている。生きていくとはそういうことだ。小十郎が山のなかで死を迎え、熊に殺されるのに、しかし一面では多幸感に包まれ、おおくの熊に許しを請うて死んでいくのは、彼がある意味で徹底的に熊と対峙してきた人間であったからだろう。これは理解できることである。

だが、この先生にせよ子供にせよ、徹底的に「社会のなか」の存在である。いわば「薄暗い」自然の根底をのぞきみることは可能ではあるが、それに対して踏みこめる立場ではない。個人でそれをなすことは可能かもしれない。しかし学校や教育という社会的制度の論理は、そこに踏みこむことを極度に畏怖するはずである。その意味で、黒田が打った手は実はかなり巧妙である。学校ではこの手の教育は失敗するのである。無責任にならざるをえないのである。黒田はそれを、身をもって明示した。それは失敗による成功であり、失敗することにより何かをはっきりとみせることでもある。

黒田は最後の結論を迫られるとき、どこかで小十郎と熊との対決と類似した事態を想像していたはずである。そこでは「責任」としての「Ｐちゃん」の殺戮か、黒田自身の「自死」か、結局はいずれかしか答えがない場面に、そのうち突きあたるしかないことがわかっていたとおもう。しかしながら学校教員として、社会の構成員として、そんなことは無理だということも、また痛く承知していたはずである。無責任を選ぶ選択肢しか、彼にはすべがないのである。

ここでの無責任という言葉は、アガンベンが描くグレイゾーンに対応する言葉でもある。言語の世界（ビオス）で生きる人間は責任を求めたがる。だが動物的身体でもって生きている場面を抱えこんだ生（ゾーエー）は、必ずそれと齟齬《そご》し、ビオスの側からすればいかんともしがたい領域を根底から突きつけてくる。それを切り捨てて人間の生活を論じるのは端的に「虚偽」である。宮沢の「ほんたう」の思想の、もっとも批判するところである。黒田の選択の無責任性は、「グレイゾーン」を教育の現場に現出させてしまった者にとっての、ぎりぎりの「ほんたう」の行為にみえる。

付論・志布志市の養殖ウナギＣＭがもつ「不気味さ」について

「豚のＰちゃん」のことを書こうと具体的な構想を練っていたさなか（二〇一六年の夏）、鹿児島県志布志市のふるさと納税ＰＲ映像の「ウナギのウナ子」（正式名は『少女Ｕ』）が、いろいろな場面で問題になっていることを耳にした。スクール水着の少女をウナギにみたて、「養って」と彼女にいわせ、涼しげにプールで「飼う」。およそ一年たったら少女は「さよなら」といって「蒲焼き」になってしまうという映像で、大方の想像通り、ジェンダー差別、「女子高生を養う」というあたりがさまざまな批判対象になり、この映像自身は配信撤回に追いこまれた。

しかしながらこの映像を最初にみたときに、率直な感想として私が気持ちの悪さを覚えたのは、そうした性の対象としての水着の女子や、女子高生を「養う」といういかにも定型化したジェンダー問題ではなく、この映像の最後の最後で、一回蒲焼きになっていなくなったはずのウナ子の、おそらくは次世代後継者とおぼしき女子高生が、再度「養って」といって出現してくるという展開であった。殺して食べたのにつぎつぎとでてくる。これはまるでホラー映画ではないか（余談であるが、生命倫理学者の森岡正博が、ツイッターでまったく同じような感想を書いていたことも、印象的であった。つまりこの映像は、女子高生を男性目線で描いているという以上に、たがはずれた「怖さ」をどこかで露呈してしまっているのである）。

ともかく、確かにこの映像はツッコミどころ満載なのであるが、そこでの不気味さの要因は、私には「性」というよりも「食」のほうにあるようにおもえたのである。健康な水着の女子高生を新鮮な水で育てて食べるというのは、もちろんジェンダー差別的な批判をうける性的なメタファーにもとれる。ある意味では、その水着の女子は「食べられない」（ウナ子という「固有名」まで存在するのであるから普通は食べることは相当きわどい領域にはいる）存在でもありうる。だが、「ウナ子」

とおぼしきウナギが焼かれて食べられる映像が流された直後に、別のウナ子が、何事もなかったかのように、あたかも亡霊のように現れてくるのである。これは本当に怖い。焼いて殺したのに、にこにこしてまた「養ってね」といいつつ現れるのである。これが無限反復するであろうことは、流れからして自明なのである。

「豚のPちゃん」は教育の試みであった。しかも失敗することが運命づけられているような教育であった。だからこれは反復しえない。しかし同じような想定を、現実的にわれわれの生を支えている畜産の場面（計画的反復が基盤となる）で提示すると、とんでもない混乱が生じかねない。このPR映像はそうした混乱を表しているようにもおもわれたのである。

ウナギの養殖は、実際には完全養殖ではなく（成功しているが実用化されていない）、どこで卵が孵化するのかさえいまだに明らかではない。そうした天然の稚魚をとってきて養殖するのだが、そうした計画的な養殖を「擬人化」するのは、「豚のPちゃん」に「Pちゃん」という「固有名」をつけるのと同様に衝撃的である。それを捌いて焼くという映像が、さよなら、という笑顔のあとにさらっと流されるのだから、それは性的なメタファーというよりカニバリズムに近い。さらにいえば、ここでは固有名の「ウナ子」自身が、二代目、三代目と継続されていくことが示唆され、そこには人間が生命と対峙する食の構造が人間のコントロール下におかれつづけるという、きわめてグロテスクな（その起源はもちろん農業である）事情がさらにあらわにされている。そこでは、一対一の対峙という、いわゆる自然のなかでの生としてのわれわれのあり方が覆い隠されると同時に、しかも固有名をもった反復がみられるという人間の「暴力性」が顕現させられるからである。

私にはこの映像の作者が、いかなる意図をもってこの映像をとったのかはわからない。だがここには、食べるために殺すことにまつわる、あるいはさらに、殺しても殺してもつぎからつぎへと別のウナ子がにこやかに出現しつづけるホラーの色彩がにじませられていることは確実であるとおもわれる。それはジェンダー差別や女子高生へのフェチシズムという事情よりも、より深い業のようなものをかいまみせてしまっている（誤解のないようにいっておくが、私はジェンダー差別がどうでもいいといいたいのではない。近年の国際的な広告などの基準でいえば、この映像はどうみてもアウトだろう。だがそれ以上に、この映像がみせている人間の業や、幽霊かとおもえるウナ子の再生は、怖いのひとことだということである）。

付論としてこのことを記したのは、この映像は、「Pちゃん」が人間化するのと、人間であるウナ子がウナギ化するのとが、反転した構造になっているからでもある。「Pちゃん」がもともと食材であるのにそこから離れていくのに対し、ウナ子はどうみても女子高生なのに、あっというまに食べられる。そして「Pちゃん」は反復不可能なのに、「ウナ子」は無限再生されるということにある。この二つの事例は見事に交錯している。しかしその交錯において、食がもつ暗い部分を、ともに明らかにしてしまっている。

この最後の主題は、「食べる」ことが、生き物の生をコントロールする「産業」でもあるという問題につながっていくことを示している。「Pちゃん」は、もとは養豚場の豚だから産業的存在なのに、どんどんそこから離れていく。「ウナ子」は女子高生なのに、どんどん産業的存在になっていく。

つぎにとりあげる、クジラ・イルカ漁の議論（これはやはり食の産業の問題でもある）のポイントはここにかさなる。生物種を絶やすのは悪いことかもしれないから希少生物を食べてはいけないという論理がある。人間に近い、知性があり、さらにいえば「可愛い」イルカを食べるとはなんて残酷な、という論理もある。本当だろうか。それは食の根源的な哲学に照らしあわせて、どう考えるべきだろうか。

第五章　食べてよいもの／食べてはならないもの――イルカ・クジラ漁と『ザ・コーヴ』の真実

讃岐うどんと熊野詣

ここでも個人的な回想からはじめたい。私は、東京郊外で生まれ、三〇過ぎまではおおよそその周辺域で生活してきた。大阪の大学に赴任したのは二〇〇〇年のことになる（ついこのあいだとおもったが、もうずいぶんと時間がたってしまった）。しかし、もともと父系は香川であり、父親の出生地は大阪の天王寺であった。それゆえ関西の味に対してはまったく違和感がないどころか、子供の頃から慣れ親しんだ宇高連絡船（昔は高松へいくのには、岡山から宇野を経て船にのる必要があった）のうどんとその出汁の味は、自分にとって「食」を語るときに欠かすことができないものである。死ぬ前に何かひとつだけ食べていいから選べといわれれば、私の答えは間違いなく讃岐うどんである。

関西に赴任してから、東京近郊に住んでいたときにはほとんど訪れたことのなかった場所にいくことが多くなり、関西の食文化に触れることも格段に増えた。なれ寿司で有名な琵琶湖は、その存在を知らない者はいないだろうが、わざわざ関東からいくところでもない。そこの川魚もまた独特なものだ。琵琶湖博物館にいくと、まるで水墨画のような魚の標本がここぞとばかりに並んでいて、これほどの色彩の欠如はそれでまた壮観でもある。

なかでも、自分にとって関西にきたことで、熊野の地を頻繁に訪れうるようになったことは重要である。

最初に学生たちと熊野にいったのは、二〇〇二年のことだったとおもう。紀伊半島を縦断し、本宮にお参りし、湯の峰温泉に泊まり（その周辺では、そこここで温泉が湧きだしている）、熊野大社へと抜けた。熊野の山の深さに分けいったのは少しびっくりするような体験であった。数年すると、夏であるか春であるかは別として、熊野詣は自分の研究室の恒例行事となった。

大抵は国道四二号線で海沿いに向かい、いったん白浜で休憩して、本州最南端の潮岬をみるか、火山の奇妙な生成物である橋杭岩をみるかして、那智勝浦までいく。最近は急速に高速道路が延び、相当に便利になったのだが、それでも熊野はまだ遠い（熊野は和歌山県や奈良県、そして三重県にまたがる広大な地域であるが、その観光面での中心地である那智勝浦や新宮に大阪の自宅から到達するためには、いかなる手段を使っても東京の実家に戻るよりも時間がかかる）。平安の昔から、京にとってはまさしく「あの世」であり（熊野の「熊」は、熊本や大隅半島の熊・隅と同じように、端的にいえば「みえない向こう側」の世界を意味している）、それゆえに、いわば生まれ変わりの儀礼である熊野詣がなされたこの地域は、やはり今でも相当の彼方にある（紀伊半島を一周する高速道路が開通すれば、状況は変わるかもしれない。だがその際には、時間をかけて紀伊半島をぐるりとまわるJRの路線のほうが危機になるかもしれない）。

南紀・太地町への望郷

熊野の南は、もちろん巡礼の地ということもあるが、本当をいえば関西とのつながりよりも、海の道の圏域としてとらえるのが正当だろう。熊野とはいえないが、その圏域の東端であるともいえる伊勢の大王崎は、折口信夫がマレビトの説を唱えた、海の道の重要なポイントである（ようするにフィリピンを含む南方からさまざまなものが到達したのである）。熊野地方の方言は、高知南部、伊豆南部、房総半島と類似し、これから問題となる太地町のイルカ・クジラ漁についても、明治時代に歴史的な大クジラを捕獲し損ねたとき（のちに描く「大背美流れ」）、沖合に流された漁民の一部が伊豆七島に流れ着き、数年たって戻ってきたという記録がある。

この土地は、畿内を中心とする大和朝廷領域からは真の意味で「外部」でありつづけ、それゆえに、独自な力を感じさせていたのだろう。花の窟という、崖がご神体であるきわめて不思議な神社（イザナミノミコトの墓といわれている。もちろんただの神話でしかありえない）や、そもそも伊勢神宮が、どちらかといえば大和政権中央の枢軸（九州北部から畿内へのルート）から相当にずれた位置、しかも熊野地方の入り口のような場所にあることは、この点、かなり意図的なのかともおもう。

熊野は、大和国家にとっての「外部」であるがゆえに、そこには象徴的なポイントをおきたがるのだ。熊野本宮の八咫烏《やたがらす》が、サッカー日本代表チームのマークであることもまた有名である。

このことは、この地が現在の日本にとっても、やはりいささか異教的な土地であることを意味してもいる。私が毎年熊野に必ずでかけるのも、どこかしら「日本の起源」を名乗りつつも、むしろ、通常ではみることのできない「もうひとつの日本」「彼方の日本」に触れることで、何かの心身への効果を期待するからかもしれない。

さて、国道四二号線をまわって潮岬の分岐地点でもある串本を抜けると、しばらくして右手に太地町がみえてくる。紀伊勝浦の温泉が目的の場合は、太地町は、長い運転もあと少しだという目印でしかない存在で、あまり気にかけることもない（ただし二〇一六年頃には高速道路の一部が開通したため、もはや通過もしなくなった）。ただしそこには、「太地町立くじらの博物館」があり、イルカショーがおこなわれている。そして、紀伊勝浦からここまでいける遊覧船もあり、さらには捕鯨の地として、ホエールウォッチングも可能である。

とはいえ太地町はそれ自身として、けっして目立った場所ではないのである。マグロと温泉の街である紀伊勝浦に比べてもさしたる観光資源があるわけではない。古来の漁民による集落にすぎず、今後の日本の人口動向を踏まえると、そこでの漁そのものが、あと数十年もしたら消えるのではないかとおもえてしまう。ただしこの町は、まさに『ザ・コーヴ』で全世界に知れ渡ったイルカ・クジラ漁の象徴的な地、まさに「残虐なる日本のイルカ・クジラ漁」の、「人目に隠された入り江」をもった場所として、世界中の注目を集めることになった。

太地町とイルカ漁

あらかじめのべておくと、イルカとクジラとは、生物種としてほとんど差異はない。小型のクジラがイルカであるといっても誤りではなく、そのため、DNA検査によってイルカの肉かクジラの肉かをみわけることは困難である。クジラは、一般的にも、ある世代以上の日本人は、給食などで必ず口にしたことがあるだろう。戦時中や戦後のタンパク質不足のなかでは、クジラが日本人の食材として重宝されてきた歴史がある。紀伊勝浦にもクジラ専門店はあり、また居酒屋でもイルカの刺身などをだすところもある（が、個人的な感想としていえば、クジラはともあれイルカはあまり美味しいものではなかった）。

何にせよ、この地域のひとたちが、相当の期間にわたって、クジラ漁や、とりわけ『ザ・コーヴ』で問題となるイルカの入り江の「追いこみ漁」をおこなっていたことは事実である。また、クジラとイルカはほぼ同種だといっても、もちろんおおきさが異なるため、その漁法には違いがあるし、人間と接した場合の情動の違いもあるだろう。そして『ザ・コーヴ』で問題とするものは、後半の国際会議での希少種としてのクジラ漁の是非などの問題をのぞいては、ほぼイルカの、それに対する独自の「追いこみ漁」なのである。

さて、「くじらの博物館」を訪ねると、相当に面白い光景がさまざまにみられる。もちろん子供向けのイルカショー（それこそ、『ザ・コーヴ』の主人公であるリック・オバリーが、自己批判をこめてもっとも嫌悪するもの――彼自身がイルカの調教師であったのだから――であるのだが）もおこなわれている。その一方で、相当に立派な建物があり、クジラやイルカの標本が、所狭しと並んでいる。悪趣味ゆえなのか、わざとなのか、入り口近くには、クジラの生殖器が、メスのものとオスのものが両脇に展示されており、メスのそれは、生殖器のすぐ横に乳房が複数ついているという形状をなしているのだが、オスのものも含め、率直にいって人間のそれに相当に近くかつ巨大である。

そして、博物館を進んでいくと、内臓のホルマリン漬けや、生育途中の胎児の標本がこれもまた大量にある。解剖学者三木成夫による、人間の胎児の解剖図によって有名になったが、人間の胎児は、母胎のなかにいる一〇ヶ月のあいだに、個体発生が系統発生を繰り返すかのように、魚の段階（エラ呼吸である）、は虫類の段階（しっぽがある）を経てほ乳類のあり方に近づいていく。この形態学的言説がどこまで有効なのか私には（とりわけ現在の分子生物学とネオダーウィニズム全盛の時点においては）わかりかねるが、確かにいえることは、クジラやイルカの胎児も、ほ乳類であるがゆえに、ほぼ同じような形態において生育しているということである。

そうであるならば、この「くじらの博物館」は一体、反捕鯨なのだろうか、親捕鯨なのだろうか。もちろん反捕鯨ではないだろうが、イデオロギー的にはけっこう中立だなとおもえてくる。つまり一面では、そこから発せられるメッセージは、クジラやイルカはかくも人間に近い動物ですよ、というものなのである。これでは以下の、オバリーらがのべるような「イルカのような人間に近い、高等な知性や情動をもった生物は殺すべきではない」という主張を、その形態学的な類似性によって支持するようにもみえる。当然、これを認知することは、カニバリズムの問題圏にひっかかってくる。

　なかなか面白いのは太地町自身の姿勢でもあって、かつて自分の大学関係者が町役場に聞きとりにいったことがある。それには同行できなかったので、私にとっては伝聞でしかないのだが、『ザ・コーヴ』についても、もちろん「違法な撮影」であることに異論は唱えているが、しかし反面あそこまで綺麗かつ見事に自分たちの漁をとってくれてすごいな、と感じる部分があるといっていたひともいるようである（イデオロギーがどうであろうと、この映画が、伝統漁法に対する見事な歴史資料であることは間違いがないのである）。それに対して『ビハインド・ザ・コーヴ』（『ザ・コーヴ』に対抗するため作成された映画）の映像は、うーん……という声もあったということである。

　もちろん繰り返すが、これは伝聞であり、役所とはいえただの一個人の意見であろう。しかし世の現実は、えてしてこのようなものである。自分たちを告発するためであれ、自分たちの行為を見事に撮ってくれた映像には、確かにある種の感謝の気持ちをもってもおかしくはない。そもそも日本の人口減少によってこれから太地の地域がいつまで存続するのか疑問視される現状であれば、なおさらのことであろう。

『ザ・コーヴ』の非論理性を分析する

私の熊野へのおもいいれから、前おきが長くなってしまった。ここからオバリーが中心人物である『ザ・コーヴ』の映像の内容を分析してみたい。

ただし、あらかじめのべておくが、この映画は、映像の見事さ（イルカの撲殺の凄惨さを、非常に鮮明に、なおかつイルカの音声とともにとらえている点は、やはり賞賛に値する）に比して、ロジカルな設定があまりに矛盾に充ちており、ここまで論理破綻をきたしている内容をよく映画にできるなという意味でもいささか感心してしまう代物である。ただ、日本でこの映画が上映されたとき、右翼街宣車が「潰しにかかった」ということであるが、それは私には、どっちもどっち、似たり寄ったりの非論理性としかおもえない。

ただあえていえば、ここでの論理破綻は、ある意味では「Pちゃん」の授業が、最後に先生の「無責任性」をいかんともしがたく露呈するのと同じく、その論理破綻性こそに食にまつわる問題の意味が詰まっているのではないかとおもわせもする。つまり、クジラ・イルカ漁に反対するひとは、まさしくただ反対したいから反対しているのであり、本当はそれ以外の意味などないのではともおもうからである。そして反対したいから反対すること自身が誤りか、といわれれば、本当のところはなかなか難しいことになる。

冒頭から、内容はまったく論理的ではない。この映画の（というよりもこの運動の、といったほうがよいかもしれないが）中心人物オバリーは、彼自身がアメリカの人気テレビ番組『わんぱくフリッパー』に出演していたイルカ調教師であり、まさに自身がイルカのテレビショーに中心人物としてかかわっていたのである。しかしそのさなかで、オバリー自身があるイルカを、重篤なストレス状態に晒してしまう。真偽のほどはわからないが、イルカは自分でいのちを絶つ（とオバリーは感じる。本当にイルカが自殺できるかどうかはここでは重要ではない）。このことがオバリーにきわめて強いショックを与え、人間のためにいのちを晒すイルカに対して、完全な擁護者の立場にたっていく。

オバリーの活動は、一面ではイルカショーのために売買される、生きたイルカの不幸をなくすことにまずは向けられる。またよく知られているようにイルカがある種のコミュニケーション能力をもっていることは確かであり、実験動物化されてもいた。この手のことに、オバリーはさまざまな手段で対抗する。法を犯すことをおそれず（それは世論を喚起するための、自覚的な行動でもあるが）、イルカを飼っている網を切るなどの行為を繰り返す。それを機に、国際的なイルカ売買について、さまざまな異論を世界に発信していく。

標的となった太地町のイルカ漁

そのひとつの標的として目をつけられたのが、和歌山県太地町のイルカ漁なのである。ここでのイルカ漁は、伝統的な追いこみ漁という手段をもちいる。イルカが音に敏感な動物であり、かつ集団行動をおこなう点を利用して、船団でイルカを湾のなかに追いこんでいく。そのあとは狭い湾のなかに閉じこめられたイルカを屠る。湾が血みどろになる様は確かにすさまじく、実際血で真っ赤に染まった湾はそれなりに凄惨な雰囲気をかもしだす。またオバリーが太地町に注目したのは、それにあわせて生け捕りにされた子供のイルカが、世界の水族館に売られ、ショーの見世物にされているということもかさなっている。この点に対する異論は、オバリーの運動の原点であったともいえる。

太地町のイルカ漁については、反捕鯨団体シーシェパードも物理的な妨害をおこなっており、それ自身を「エコテロリズム」という名前で肯定している。また太地町のイルカ漁について映像を撮ることに懸賞金をかけていたという。しかしながらオバリーは、かつてはシーシェパードの一員であったが、彼と太地町のかかわりには、シーシェパードは関係ないとしている（除名されているが、それは戦略的なものかもしれない。運動の方向性のずれかもしれない。いずれにせよここでの論旨には影響しない。彼自身がある種のエコテロリストであることは自明である。またシーシェパードのような団体の支援なくしてここまでの活動はできないだろう。だが同時に、彼がシーシェパードであるので、、、イルカ漁に反対したのではないということも確かである）。

いずれにせよオバリーは、太地町をある種の標的にし、殺傷されるイルカの姿と、その鳴き声（イルカにとって音や音波はともあれ重要である）、血染めになる湾《コーヴ》を映像に収めている。それゆえ、この映像自身の見事さは、それを撮ったものの主張がどうであるかということとは関係なく、評価してよいとおもわれる。もちろん太地の漁民に対する屈辱的行為、その違法的な手段を選ばぬ方法などは、いささか賛成しがたいのではあるが。

エコテロリズムという物騒な言葉がでてきたが、シーシェパードなどは、つねづね日本の捕鯨や、その他の海洋活動に対して、エコロジー的な立場を表明するだけではなく、あえて法を犯したり、場合によっては物理的な破壊行為をなしたりすることがあり、これらが一種のテロリズムであることは確かだろう。これらをどう考えるかはともあれ、こうした行為をなす根拠を、彼らはどのように考えているのか。

最初にのべたように、この点にかんして、この映画が示す「根拠」は相当に薄弱であり、それ以上に矛盾錯綜に充ちているようにおもわれる。また、後半でこの映像が、イルカやクジラをめぐる国際会議の場面でのプロテストに使われているのは、それ自身としては意味があるとしても、映画の一貫性を考えればたんに混乱を招くことにしかなっていないとおもう（そこでの標的としての日本国と、太地の漁民は同じ対象ではない。もちろん法で禁じるのはひとつの手段であるが、その場合には太地の民衆への接触はもちろん無戦略的なテロリズムでしかない）。

これらの点について、ひとつひとつ考えてみよう。

なぜイルカなのか・なぜ太地町なのか

まずはオバリーが、個人的にイルカに対し愛着をもち、世界の水族館でショーを演じているイルカを解放しようと考えること自身は、個人的な信条の問題であり、それとして理解できないことではない。彼自身の、きわめて強い情動的な「傷」がそこではおおきな要因になっているのだろうから、それらがまったく無意味とはおもえない。そこで示される、糞便の処理もされていない酷い環境で放置されているイルカを暴力的に救うことも、緊急的措置としてはまるで理解できないことではない。できれば酷い環境のもとで飼われないこと、そもそも人間に飼われないこと、これがいいということは確かだろう。

だが、なぜイルカなのだろうか。オバリーは明らかに、イルカの知性と情動性に対して過剰な評価をしている。いや、本当は過剰ではないのかもしれない。イルカは真に知性的な動物であり、人間に近いコミュニケーション能力をもち（その「可能性」はさんざんに検討されているところでもある）、またストレスをうけやすく、場合によっては鬱にもなると判断される、そうした動物なのかもしれない。

だがその場合、いわばカニバリズムのタブーに直接触れる、人間との「同種性」が判断基準になってしまう。しかもイルカの場合には、コミュニケーション的な知性と、情動的な繊細さ（精神性）が問われている。繰り返すがこれは理解できないことではない。しかしながら、なぜそれがイルカ（あるいはある種のクジラ）に対してだけ向けられるのか、そこの線びきの根拠が、正直明確であるとはいえない。確かにオバリーにとって、「わんぱくフリッパー」のイルカも、またそれと同種のイルカも、かけがえのない「伴侶種」であることは理解できる。しかしながら当然に、これをエコテロリズムの普遍的な理論に先鋭・昇華させるためには、他の無数に存在しうる「伴侶種」にも同じことをしなければならないはずだ。原則的にそうだ、という回答が返ってくるかもしれない。だが、では、まずなぜイルカからなのか。

さらにいえば、実際のところ、日本でイルカ漁をおこなっているのは和歌山だけではない。岩手県が相当な割合を占めていることは知られている。では、太地町の何が問題なのか。それはまさに、この映像にみられる「殺し方」（そして、水族館へのイルカの供給地であること）にあるのだろう。しかしながら、食料とする動物に対して穏当な殺し方は構わず、残酷な殺し方はまずいというのは、これもまた、いかなる基準で判断すればよいかわからないことである。穏当であるというのは、端的にいえば相手に「痛みを与えない」ということであろう。これもまた多くの場合、直感的な理解が不可能なわけではない。しかし、どのように考えようとも、これは人間という種の感覚器官に依拠した感情移入でしかありえない。もちろんこの感情移入にはある程度の根拠がないとはいわない。しかし「相応の」根拠しかないといえば、どうなのだろうか（人間の死刑の執行の仕方が残虐かどうかというのは、ある意味で同様の問題である）。

また同様の追いこみ漁は、デンマークの自治領であるフェロー諸島でもおこなわれている。この点の不誠実を突きつけられたシーシェパードは、フェロー諸島側にも抗議をおこなうということで対応しているようだ。しかしながら太地町とフェロー諸島という離れた二つの地域で追いこみ漁が存在するということは、この漁が相当に古典的で伝統的に広まっていたことを示している。そうである以上、実際には地球上のさまざまな箇所でかつてみられて、残存している「希少地域」（もちろん湾《コーヴ》の適切性が重要なのだろう）が太地なのかもしれない。

数々の誤謬

同様に、数々の誤謬を指摘することは可能だろう。映画のなかで、日本では、日本人自身でクジラ・イルカ漁をおこなっていることをまったく知らない、政府はそれを隠しているというかのごとき言明がなされている。しかし正直にいえば、クジラを食用にしていたことを知らないひとは、ある程度の年齢以上にはいないだろう。それに対して、イルカを食べるということについては、確かに東京や大阪のひとは知識がないだろう（山村のひとはもっと知らないだろう）。だがそれは、山と海とが複雑にいりくんだ日本の地域性や食のローカリティの問題がおおきいものである。日本人はそれぞれに分化された山村や海の食文化をそもそもあまり知らないことがおおい。そもそも日本政府がこの「事実」を国民に隠しているということはありえない（そもそも意味がない）。

またそれと連関して、イルカの肉をクジラの肉とごまかして流通させているのではないかという主張もあった。商品として流通している肉の量と、漁獲高とがずれているため、ここにもある種の「隠蔽」「偽装」が働いているのではないかという主張である。ただしこれも容易に説明ができることである。太地町のような小さな共同体では、クジラなり、イルカなりの肉がとれるときには、金銭的な流通のルートにはのらない共同体内での分配がなされることがいまだにおおい。とりわけ太地町は、どうみても本当に小さな共同体である。そこで捕獲されるものは、それこそ伝統的に、物々交換であれ、儀礼にかかわるものであれ、かなりの部分が「経済統計」にのらない取引をされていることは理解できる（関口雄祐『イルカを食べちゃダメですか？』光文社新書を参照）。これをもって偽装だと主張するのは虚偽としかいいようがない。

さらに、水銀の問題がある。よく知られているように、海洋の食物連鎖の頂点に位置する生物には、水銀が濃縮して含まれていることがある。マグロもまたそうであり、妊婦が食べ過ぎないほうがいいということは確かである。そしてイルカ・クジラは、大量の魚を食べて、食物連鎖の頂点に近い種であるので、その肉のなかには確かに水銀が濃縮されている。

このことの影響には、和歌山県も関心をもっており、太地町を含む地域の調査をおこなっている。そして実際に、イルカ・クジラを常食とするひとの髪の毛に、高濃度の水銀が残存していることは確認されている。

しかしながらこれが何かの健康被害をもたらしているということは確認がとれていない（『イル

カを食べちゃダメですか?』では、セレンとの関連をのべているが、その点については、私は判断できない)。また『ザ・コーヴ』は、この点に連関させて、水俣の有機水銀という公害事案をとりあげるが、これもどこからみても強引なイメージづくりにおもわれる。

確かに水俣の有機水銀公害は、日本の近代化における大問題であった。だがこれは、明らかに企業による人災である。しかし太地において高濃度の水銀を摂取しているとはいえ実際上の健康被害がでていないのであれば、そしてそれがある程度(少なくとも四〇〇年といわれている)以上の時間枠で継続しておこなわれているのであれば、それを過度に強調するのは差別問題ともいえる。もちろん水銀が害毒をもたらすことへの警戒は必要であるが、人為性が強い公害(少なくとも水俣の被害はある程度明らかになっても有機水銀の排出をとめなかったという事実があるかぎり人災であり、明らかに加害者が特定できる)と、自然的な淘汰選択が働く事例とを混在させるのはやはりおかしい。

漁獲高が問題か

さらに国際会議の場面では、必ず「漁獲高」のはなしがもちだされる。これはイルカというより、イルカを含むクジラ種のことであるだろう。これもまた、考えるべき要素が大量にある。

確かに、誰もが生物の多様性が存続したほうがいいという、ある種直感的な認識がある。そして過去において、たとえば毛皮をとるために、象牙をとるために、油をとるために乱獲がなされ、数多くの生物種が絶滅したり、絶滅寸前に追いやられたりしたことはわかる。それは真実だろう。

多様性を維持したほうが、生物種全体としてのある程度の利益になるに違いなく、進化のプロセスで長い時間をかけて成立した種を、人間がなくしてよいとはいえない。

ただし、である。それも人間の有用性、いわば人間の経済の原則にもとづいている部分もおおきいのではないか。

猛毒であり、ただちにひとの生き死にに関与するような病原体を地球上から絶滅させるのには、誰もが両手をあげて賛成する。私もひとりの生活者としては賛成せざるをえない。しかしその病原体が、人間に敵意をもっているわけではない。また自然の気候の変化によって（ここでは複雑になるので温暖化という論点はださない。常識的にみても、気候はつねに、火山活動や太陽黒点の多寡などによって相当に変動している）何らかの動物種が危機に瀕したり、また繁栄したりもするだろう。これらについて人間は無力である。もちろんある程度の種を救うことはできるかもしれない。しかしそこでも、人間の「経済性」にかかわらないものが、さほど尊重されるとはおもえない。それ以前に、そのほとんどが人間の認識外のものだろう。

さて漁獲高である。それをクジラのような種類の動物について考えるのは、過去にクジラが、おもに油をとるために乱獲された経緯ゆえであることはよく理解できる。それゆえ、総量規制をかけ、その地球上の生存数を確保しようとするのは合意できることである。

だが私はこうしたかたちでの多様性の確保は、やはりあくまでも人間にとっての多様性の保護という論点がはいりこむ点で、いささかの疑念を覚えなくもない。それは農業以来の、人間による自然食料コントロールと同じ論理にのっかっているのではないか。そうであれば、それ自身が人間の原罪のようなものと関連しているのではないか。

逆にいいかえてみよう。数が確保されたら殺してもよいのか。数が少ないものは、殺してはいけないのか。これは殺すことの罪にかかわる問題系と本当に関連しているのか。オバリーが、太地町の映像を国際会議でゲリラ的にみせるとき、そしてまたそれを日本の官僚に示すとき、そこでむしろ問題になっているのは、残虐な殺戮と正しい殺し方の問いである。これは数の問題とは関係がないのではないか。しかし、この二つは映像のなかで攪乱させるようにいり交じっている。

このほかにも、『ザ・コーヴ』にはフェイクとしかおもえない映像がはいりこんでいる。つぎつぎと頭を切り落とされ処理される築地市場でのマグロの映像が強調されるが、それは食の残酷さのはなしであり、イルカ漁とは関係がない。この作品が、マグロを含む魚一般を日本人が殺して食べることへの批判を含むわけではない以上、これは錯誤を誘導する映像だ。また、たどたどしい英語を喋る太地町の関係者や、いかにも役人然とした官僚の振る舞いは、正直にいえば日本人にも苦笑を誘うが、みようによってはまさに異民族差別としかおもえない。

『ザ・コーヴ』に反発を覚える理由

これら多種多様の主張の混交について、どのように考えればよいのだろうか。

『ザ・コーヴ』に対して、それに反発を覚える理由は、おおよそ二種類あるとおもう。

ひとつは、オバリーや、（この時点で脱退しているとはいえ、広くいえば）その裏に存在するシーシェパードに対する直情的な反発がある。彼ら自身はヴェジタリアンかもしれないが、そもそも牛肉を山のように喰い、動物を殺すことにかんしてはかくも残虐なヨーロッパ系白人であることは確かである。そうした連中が、日本の「伝統漁業」であり、さらにいえば日本国内においてもきわめてマイナーな地域で少数の漁民がおこなっている漁に対し、国際的な騒動を起こして糾弾する姿勢そのものへの嫌悪感はあるだろう。

つまり、彼らこそが白人中心主義者の独善的価値観にもとづいて、異民族・非ヨーロッパ系民族の風習に「野蛮」というレッテルを貼りつけ、晒し者にしているのではないか。それは旧態依然とした植民地主義的発想、あるいは自分たちの思考こそが正義であるという西洋近代的な啓蒙の振る舞い、それがゆえに、法律を破ることも正義のためには許容されるという傲慢（進歩派のいつもの戦術）、これらがみてとれるのではないか。

『ザ・コーヴ』上演の際に、右翼街宣車が潰しにかかったというエピソードは、すでにのべたようにどっちもどっちなので措くとする。しかしそこには、エコテロリズムが本来は西洋中心主義や西洋近代主義を批判するものとして機能するのに、ここでの言説には、まるで世界の善を握っているのは西洋人である自分たちだけであるという主張が混在し、しかも彼らがそうした矛盾に対して無自覚にみえることは、やはり考察すべきことだとおもう。

私は、日本人であるがゆえに『ザ・コーヴ』に不愉快な感情をもつということはなかったが、たとえばアジアやアフリカの特定の民族の風習に対し、嵩にかかったようにエコテロリズムが攻撃をしかけたとしたら、西洋の自己反省機能としてのエコロジーというのはたかだかこんなものだったのかという感覚はいだくとおもわれる。これは本質的には、進歩派であることが不可避的に抱える伝統破壊的なテロリズムという、政治哲学的な問題こそにかかわるとおもうが、その考察はこれも措いておく。

第二に、すでにのべたように、自己の主張を通したいがために、さまざまな水準できちんと議論されなければならない問題、どう考えても誤謬としかおもえない主張が混在していることがある。

知性をもった動物を食べてはいけないならば、ではもたない動物は殺していいのか、そこで知性は誰が何の基準で判断するものなのか。まして、イルカのような「可愛い」動物、人間を助ける動物は殺さず、醜い、汚い、人間にとって害悪である病原体を運ぶ動物を殺すことには問題がないのか。殺し方が残虐だからダメだというのであれば、殺し方が穏当であればよいのか。少数種であるから守るのか、では多数種であれば殺していいのか、はたまた養殖によって計画的にほぼ無限に生産可能であれば食べていいのか（このほうが、私は人間の原罪そのものに近い気持ち悪さをもっている事例であるとおもう。前章のウナギのウナ子のように）。さらにいえば水銀汚染が問題だから食べてはいけないのか。官僚が嘘をついているから、統計数字を意図的にごまかしているから問題なのか。これらは、もちろん折りかさなる部分はあるが、本質的にはそれぞれ別の問題であり、ひとつひとつをきちんと検討すべきではないか。

だが、『ザ・コーヴ』の映画に登場する誰もが、こうした諸問題を、まさにたたみかけるように主張するだけで、本質的に何が問題なのかをまともに論じているようにはみえない。これ自身は、ヨーロッパ人であろうが誰であろうが、常識的におかしなこととおもえる。

さて、少しイルカ・クジラ漁の問題から離れて考える。するとここには、「豚のPちゃん」で描かれた問題と比較的類似した問題が伏在していることがみえてくるようにおもわれる。

「豚のPちゃん」についてさまざまな議論がなされはするが、それは結局のところ「無責任」な議論になってしまい、どこかでそういう問題に対して、人間は何もいえないことが露呈されていた。『ザ・コーヴ』もどこかで、非論理的ではあるがやむにやまれぬ矛盾が露呈されざるをえないテーマを含んでいるのではないか。動物種と人間との関連を考え、その暴力性を考えるとき、白人であり、それゆえ紛れもない世界支配者集団の一員であるオバリーやシーシェパードが、日本の和歌山県の太地町の漁民という、経済的にも弱小で日本のなかでさえマイナーな地域の集団を「威嚇」することは、何かがおかしい。しかしこの「何かがおかしいが、それをしないと問題が示せない」点こそを考えるべきではないのか。そうした観点から、この問題をとらえなおせばどうなるのか。

痛みをいかにわかちあうのか

まずは二つの挿話的な話題からはじめよう。

そのひとつは、太地町のクジラ博物館にかかわるものである。もうひとつは、フランスの哲学者ジャック・デリダの最晩年の思索である動物論にかんするものである。

太地町民の側がイルカ・クジラ漁に対していかなる思想をもっているか、私はフィールドワークをおこなったわけでもないし調査をしたわけでもない。ただ、すでに少し触れた話題、いや太地町にとっては死活問題であった事件があり、そのときの対処から、この「海の民」のあり方をかいまみることができる。

明治十一年、「大背美流れ」という、クジラ漁で多数の死者をだすという事件があった。ウィキペディアを参照すると、アメリカなどによる乱獲でクジラの総数が減少したため、おおくの町民が、あるクジラを無理に追いかけてひきおこされた事件というように書かれている。太地町の博物館では、そもそもこのクジラは近年稀にみる大クジラであり、これを捕獲することは可能かがはなしあわれたが、とにかくこれをとらえないことは漁民としてありえなかったという描かれ方がなされている。私には真相はわからない。おそらく両方とも、部分的には正しいのだろう。

さらに現在の太地町のＨＰには、記録的な不漁がつづき、協議のすえ断行したとある。

結果数百人の太地の民は海に消え、労働適齢人口の男性のほとんどがいなくなった。前述したように、その数人は伊豆七島に流れ着き、数年後帰還した。しかし、ここで江戸時代の伝統的な漁の継承が途絶えた結果、ノルウェー式の漁法に一気に転換し、ある種の捕鯨近代化が図られたこともいわれている。これもまた、事実なのであろう。地域共同体というのは、一面ではかくも強靭かつ柔軟な部分をもちあわせている。

もちろん記録的な不漁は事実だったのだろうし、大クジラであったことも確かだろう。そして太地町の博物館で私が読んだ、この事件にまつわる勇壮な雰囲気には、どこか誇張があるのかもしれない。しかしながら、不漁時の食料供給という合理的な選択もさることながら、当時の海で生きる連中が、巨大なクジラをみて、侃々諤々の議論の末に、とにかくこれを捕らないことはありえないという意志を固くしたことも、間違いはないとおもう。どう考えても相手は海の怪物である。これにクジラの漁師が対抗できなくてどうするというのか。おそらく危険は承知のうえであっただろう。なおかつこの判断の結果は、短期的には太地の漁民の手痛い敗退であった。しかしながら、そんなことは、漁にでるひとりひとりの漁民にとって問題にもならなかったはずである。

ここに、宮沢賢治が描く小十郎と類似した心情をみるのはたやすいだろう。山の獣、海の怪物を相手にする人間が、多かれ少なかれ小十郎のような心情をもっていないわけがない。このときにクジラは、人間にとってのただの食物ではない。人間が自然のなかで向きあい、畏敬の念をもち、自己が死ぬか相手が死ぬか、同等の勝負をしかける相手でしかない。もちろん、小十郎の熊や、このケースの大クジラのような事例は、ある意味ではきわめてわかりやすい。だが狩りや漁は、いかにテクノロジーが最先端になり、安全性が確保されたとしても、またいかに相手が小さな獲物であったとしても、自分が死ぬ可能性を考慮にいれないことはありえない。どんな場合でもである。

イルカ漁は、確かに小型クジラ類に対するいささか小ずるくみえる湾への追いこみ漁である。この漁だけをとれば、人間のあざとさや狡猾さは目立つ。だが、それをおこなっている太地の漁民に、その罪を負わせるべきであろうか。食べるものを、身体を賭してとりにいくということは、他の漁と同じではないか。

この状況で、太地の漁民が、殺されるイルカとある種の対等の身体性を、あたかも小十郎のようにもちあわせていないとは私にはおもえない。もちろんそのような切迫した場面は、イルカ漁においては稀かもしれない。そして（直後に話題にするが）このときの身体性とは、ある意味で「痛み」という情動に積極的に関与するのであれば、その「痛み」が漁民にないとはおもえない。クジラに海にひきずりこまれて殺されるという現実的な痛みではないにせよ、しかし漁なのである。なぜオバリーは、イルカの「痛み」を感受するが、太地の漁民の「痛み」は感受しないのか。いや、彼自身、海の人間であるオバリーはそんなことはわかっているのかもしれない。それがゆえに彼は、太地の人間も見事であるといえる映像を撮ることに固執したのかもしれない。複雑であるが、この点は考えてみるべきだ。

私は実をいえば、オバリー本人は、上記で展開した批判をほぼ理解しているのではないかと考えてもいる。そのうえで、なぜ彼が太地町を攻撃する衝動にかられるのかを考えるべきなのではないか。そもそも危険人物としてあれほどマークされながらも、太地町に、そして熊野に何度もくる彼は、熊野や太地町のことが、本当は相当に好きなのではないか。そもそもそうでなければ、ここまでの攻撃性はだせないのではないか。

デリダの動物論——痛みについて

もう一点とりあげたいのは、ジャック・デリダの動物にかんする議論である。デリダは、ユダヤ系の血をひくアルジェリア出自のフランスの現代思想家で、脱構築の思想を唱えたことで有名である。彼は、読むにも相当に困難なテクストを著しているが、最晩年ともいえる時期（彼は二〇〇四年に亡くなっている）のセミナーで、動物を論じている。それはダナ・ハラウェイの「伴侶種」の思想にも関与する。私には、動物論にいたったことは、デリダがもともと指向していた、人間という存在の脱構築、いいかえれば人間の自己中心性あるいはその言語（ロゴス）中心性の脱構築を完徹させたものともみえる。その議論は、人間という境界の不確定性をつきつめるものでもあるからだ。

デリダにきわめておおきな影響を与えた者として、エマニュエル・レヴィナスというユダヤ系の思想家がいるが、彼が「倫理」の根源性を問うときに、「顔」というテーマをとりあげ、顔をもつものは殺せないという趣旨の主張をすることに対し、デリダは動物論のある部分で、正当にも「動物」に顔はあるかという問いを投げかける。人間に人間は殺せない。それは顔があるからだ。それはわれわれのロゴス的（言語的）説明すべてに先だつ。こうした主張をなすレヴィナスに対し、それを正義論の観点から認めながらも、では動物はどうなのかとデリダは問うのである（『動物を追う、ゆえに私は〈動物〉である』筑摩書房。ただしこの題名は、幾通りにも翻訳可能な言葉遊びになっている。まずこのフレーズは、デカルトのわれおもうゆえにわれありのパロディであるし、動物を追う、の部分のフランス語 je suis は、われありと、われ追うの二通りに解釈しうる）。

一見すると揚げ足とりにもみえるかもしれない。人間の殺戮と正義の議論を、ただちに動物に適応してもよいのかといわれるかもしれない。だが最晩年のデリダは、かなり素朴に、ある意味では力強く、これらの論点を強調する（たとえば先の書物の冒頭では、風呂上がりに裸でいるデリダを飼い猫がじっとみていたことにふと気がつき、そこで恥ずかしさを感じるかという問いをたて、視線、覗き、羞恥という人間的に想定される事態が、人間と猫のあいだに成立するかをさまざまに問うている）。

もちろんこれらの問いは単純に答えられるものではない。動物に顔はあるか、と問われたときに、人間の認知機能を考えると、四肢動物で、目があるものには顔を感じるであろう。では魚はどうか、鳥はどうか、トカゲはどうか、と問いつづけるときりがない。植物や、さらにウイルスなど、顔や目がないようにみえる、あるいはそもそも通常ではみえない生物が相手となると、そもそもこういう問いをたてることが難しくなる。

さまざまな問いを積みかさねるなかで、デリダは「痛み」という主題に触れてもいる。それには、イギリスの思想家ジェレミ・ベンサムが主張した、痛みを感じるものに対しては、道徳的にはそれを与えてはならないという主張が連関する。顔と同様に、痛みがあることが、殺してよいもの、よくないものを規定する部分がある。あるいは殺すとしても、「痛みなく殺すべきだ」という主張がここからひき出される。デリダはそののちに死刑についても論じるのだが、死刑の議論でも「残虐な刑罰かどうか」について、（死刑の是非はともあれ）その殺し方と苦痛の関係が問題になることはよく知られている。

しかし顔と同じで、この領域での線びきは難しい。生命倫理学では、世界的に知られているピーター・シンガーの功利主義的なバックグラウンドをもった議論では、それは神経系の問題に帰着してしまう。痛みをもつものは、それなりの神経系の組織をそなえており、それに対して、ある種の倫理は適応されるべきである。だがその際、それがないものは殺しても食べても構わないということになる。これはヴェジタリアンの食べてよいもの／よくないものの基準としても利用され、表面上はわかりやすい。中枢神経系をもつか、痛みを感じるかが基準になる。だがよく指摘されるように、これではある段階の胎児、または脳死体、特定の障がいをもつ者をも「殺してよい」という帰結になってしまう。それゆえ、シンガー的な議論は、一面もっともであるが批判を浴びやすい。
デリダが考える痛みは、シンガーとよく似ているし、シンガーの『動物の解放』は、それ自身がラディカルな動物論になってもいる。だがデリダとシンガーとではおおきな違いがあるように感じられる。

ベンサム的な功利主義が、苦痛を「量」で計測しようとしたように、そしてシンガー的議論がやむなくも、殺してよいものといけないもの（痛みをもつものともたないもの）の区分へと向かうように、どこかこれらの議論は「区別をなすこと」を軸としている。人間の実践として、一面それはやむをえないことはわかる。しかし、デリダの議論はむしろ、人間と動物とが、そして痛みをもつ動物ももたない生き物も、すべて連続しているのではないかという混交を目指しているとおもえる。それによって、人間とそれ以外だとか、食べてよいもの／よくないものという区分自身を「懐疑」に晒そうとしているとみえるのである。

宮沢の考える「ほんたう」の思想について、あるいは「Pちゃん」の試みが示してくれる「無責任さ」について考えるとき、むしろこういう「懐疑」にこそ何か真実が含まれているようにおもえなくもない。どうなのだろうか。

オバリーの悲しみ

『ザ・コーヴ』に戻る。その問題点はさんざんに指摘した。『ザ・コーヴ』をもとに生命の倫理を論じるなら、そこに含まれる議論の多層性を分類し、ひとつひとつの議論的根拠を考え、デリダやベンサムやシンガー流の発想との突きあわせをおこない、事例を考えつくす必要がある。しかし「食べること」を論じるこの本でもっと大切なのは、先ほども触れたが、実はオバリーは、徹頭徹尾海の側の人間であるのではないかということである。

『ザ・コーヴ』の目茶苦茶な論理設定を支えるものは、実は最初にオバリーが語った一点だけである。それはオバリーが、自分の友人（伴侶種）にほかならないイルカを自死させたことへの自己懺悔である。この映画はある意味で一貫してオバリーの自責の映画なのではないか。伴侶種であるイルカを、テレビショーで酷使し、自由な環境におかなかった自分に対する懺悔から彼は動いているようにみえる。

だから、率直にいえば、彼にとって『ザ・コーヴ』の論理構成が目茶苦茶で、批判の論点が熟慮されておらず、いわば徒手空拳でさまざまな場所にのりこみ、それらが相互に矛盾していようとも、彼にとっては、どうでもよいことだったのではないか。そして、太地のイルカが撲殺されて食べられること、また生け捕りにされ世界の水族館に送られること、これらすべては、彼にとっては彼自身の行動にみえるのではないか。オバリーにとって本当の敵は、過去の自分である。そうであるに決まっているし、そうでないなら彼の行為に深みは何もない。

そうしてひきおこされるさまざまなことは、確かに他人迷惑である。だが一面では、それこそがオバリーの強味となる。なぜならば、彼にとって結果はどうでもいいからである。何しろいちばん悪いのは自分であるのだから。彼は、本当は熊野も太地も単純に美しいとおもっているひとりの海の人間なのではないか。そしてそれゆえに、この映像は、太地のひとがみても、イデオロギー抜きに、美しい映像にみえるのではないか。

『ザ・コーヴ』の功績のひとつは、海のなかに設置されたマイクでイルカの声を拾ったことにある。それは悲しい声である。イルカと声ということで想定される「知性をもったコミュニケート可能な者の声」という意味の声ではない。殺される者の声である。この声は、レヴィナスの顔や、デリダが考える痛みに類似する。何かによって測定されたり、何かにおける意味をもったりするものではない。まさに断末魔の「声」であり、「声」が伝えてくる痛みなのである。

オバリーとその仲間が、熊野の海で撮った最大のものは、残忍な漁に抗する政治的指向を含んだ映像というよりも、オバリー自身の悲しみとかさなる「声」なのではないか。そして本当をいえば、オバリーはこの「声」を、イルカのみならずあらゆる生き物からきき、それを極限にまで広げたうえで、オバリー自身の懺悔をなすことも可能だったのではないか。そこでは、どの特定の生物が声をもつか、という議論をするべきではない。声は生けるすべてのものの声である。特定の生物が、痛みの声をもつかという議論にはいるべきではない。いかなる生物ももつ声がある。

『ザ・コーヴ』は、実は批判の映画ではないとおもう。熊野の漁民は、オバリーが美しいものとして撮った熊野の一光景の部分である。あるいは、映画の一貫した悪役は、オバリーにとってのオバリーである。彼も、つまるところ太地と同じ海の人間であるということを根底にした彼の悲しみだけが、これをひとつの映画として成立させているのではないか。

第六章　人間は毒を喰う——アルコール、嗜好品、デザート

レヴィ＝ストロース回帰

　これに先だつ二つの章では、「何を食べるのか」というテーマと連関させ、食べることと殺すこととの関係があらわになる具体的な場面をあつかった。イルカ・クジラ漁は、普通はたんなる文化間差異としてあつかわれる問題であるが、そこではあえて、本全体の趣旨にしたがって、自然と人間との関連という原理的な方向性から、生命倫理を批判する仕方で描いてみた。

　とはいえ、「食べる」ということを考えるとき、やはり料理についてまとめないわけにはいかない。旨い食べ物／不味《まず》い食べ物。濃厚な味／淡泊な味。辛い、甘い、酸っぱいもの。料理はいつも感覚のあり方とむすびついている。ここで再度、レヴィ＝ストロースに登場してもらい、彼の提示した「料理の三角形」における、ひとつの論点に光をあててみたい。それは「料理の三角形」では「煮たもの」がそれに該当する、基本的に「腐敗」という事象と強く関連した事態にか

んしてである。

復習の意味もこめて、少しおさらいしてみる。

レヴィ＝ストロースの「料理の三角形」、あるいはレヴィ＝ストロース自身が示唆するように、それに揚げたものの軸を加えた料理の四面体は、おそらく料理分類の基本であるだろう。この三角形において、ひとつの頂点は「生のもの」であり、自然をそのまま食べるというものであった。これは普通に考えればサラダなどがそれにあたり、ほかにも生肉（タルタル）、日本的な刺身や江戸前の寿司などがこれに該当する。これらには何らかのかたちで味（サラダのドレッシング、タルタルのソース、寿司の醤油）が不可欠であるが、いずれにせよ、食べるとき、食べることができるものはそのまま食べるということは基本的なことであるし、これからもそうでありつづけるだろう。

問題はそれ以外の二つである。

すでにのべたように、それは「火にかけたもの」と「腐敗させたもの」という二つの頂点で示されるものであった。これらは、生のものを「空気」との親和性によって火で調理するか、あるいは「水」との親和性によって腐らせるか、これらいずれかの仕方で自然を文化で処理することであった（もちろん生のものも、タルタル肉がみじん切りであること、刺身が巧妙な細工によって切られていることなど、文化で装飾されている。ここには、当然寄生虫を排除するなどの合理性もあるが、それ以上に文化的な意味がもちろん含まれている）。

ここに油を加えると、いささか微妙な問題になる。油というのは、低温で焼くということだろう。それゆえこれを、火にかけると煮るとの中間形態として設定するのは、正当なようにおもわれる。

ただしそれには揚げ物の「衣」という事情が介在する。衣は小麦粉を使っているのでそこにはいろいろな要素が介入する。衣はそもそもパンの類いを意味しもするだろうから。

とはいえここでは、生のものの裏側におかれた単純に焼くことと煮ること、つまり腐敗との対立に焦点を当てたい。そこには、きわめて対称的な事情が介在するとおもえるからである。それはまさに料理の味や旨みにかんして、決定的に異なった二つの方向を描くようにみえる（ただし、あらゆる料理に複数の要素が混じっているのは当たり前のことなのでそれには触れない）。

「焼いたもの」（ステーキなど）、それに少しひねりを加えた揚げたもの（フライドポテトなどはその典型である）を根本にする文化とは、アメリカやイギリス、北ヨーロッパを中心とする文化である（フライドポテトは、フレンチポテトともいわれるようにフランス人も大好きなのだが、それは境界性として許容させてもらう）。そこでは、基本的に食べ物には「味がない」。それゆえ、味を、外側から食べ物に付着させることになる。バーベキューを考えればいちばんいいとおもう。塩であれ、ケチャップであれ、辛子であれ、何かでそれに味をつける。

味と反グローバリズム

これに対して「煮たもの」はそれ自身として「味のある」食事であり、英米圏以外の文明地帯のほとんどを覆っているといってよい。この「ほとんど」という表現の微妙さは認めよう。たとえば中南米にはいろいろな難しさがある。メキシコやブラジルは豊富な味の世界であり、料理でいえば完全な反アメリカであるとおもう（だがそれゆえにアメリカでは、「味のある」メキシコのタコスなどが欠かせない）。しかしながら、アルゼンチンやほかの南米諸国は、出自がラテン系であるのに食事はきわめて英米的である。アルゼンチンとブラジルは隣国なのに、双方の料理のあまりの差異には愕然《がくぜん》とするものがある。ブラジルはポルトガル経由の地中海料理に現地調理が混在したようにみえるが、それに対して、人種的にはイタリア系がおおいとされるアルゼンチンはまさに主食は焼いた肉のみ、というイギリス的なものなのである（私の世代にとってアルゼンチンは、フォークランド／マルビナス紛争をまずはおもわせる国であるが、イギリスとの対立は、ある意味、食の観点からすれば同類文化のなかでの近親憎悪かとさえおもう）。

もちろん、太平洋島嶼《とうしょ》部やアフリカ地域の食について、ここで何かをいうことはできない。しかしながら世界が英米のグローバル化に直面しているのは紛れもない事実である。これは一面では、「味がない」料理が世界を席巻しつつあることを意味している。

しかしながら同時に、それに対抗して、あるいはまさにバランスをとるように、地中海世界、アラブ、インド、中国、そして日本の料理が世界中に（むろんイギリス、アメリカ、北ヨーロッパにも）波及しつつあることも事実である。これらの料理には、料理そのものに「味」がある。端的に「旨い」のである。私はそれゆえ、どうしてアングロサクソン圏の食事が消えず、そうでない国の料理が「この程度しか」波及していないのか、むしろ不思議さを覚える。

こうしたグローバルな政治性とからめる議論は、レヴィ＝ストロースの描こうとしたものではまったくない。ただし私は、圧倒的に「腐敗したもの」の「旨み」にまみれた食事をとりつづける日本に住む者として、「腐敗」そのものに関心をもたざるをえない。そして、それをとりいれつつも対立する「味がない」現在のグローバル化世界の席巻にどういう姿勢をとるべきか考えざるをえない。

繰り返しになるが、フランスはその境界にある。フランスは、半分は北ヨーロッパと同質の「味気なさ」を料理の基本としつつも、地中海方面やアラブ、そして近年では明確に「日本」から押し寄せる「腐敗」の力を貪欲にとりいれている。それにいうまでもなくチーズ（フロマージュ）は「腐敗したもの」の典型例であるがゆえに、その旨みはフランスの料理にとって欠かすことが不可能である。

世界三大料理として示されるものは、一般的には、中華料理、トルコ料理（アラブ地中海料理）とフランス料理とされるが、おそらくトルコ―アラブ料理の独自の「煮たもの」性、中華料理の多彩さ（油で揚げることが中心になるだろう）に対し、フランスはその境界領域における柔軟性こそにもっともおおきな意義がある。そして、少なくとも一九世紀から二〇世紀の世界が、英仏を軸とした政治的対立のなかにおかれたことの反映のように、食においてもフランスは必ず反イギリス・アメリカの側につく。

量のアングロサクソン食文化と質のフランス料理

フランスは、最近はイスラムによるテロの話題ばかりが語られるが、かつてはマクドナルド襲撃が発生した国である。そしてフランス人が、オランダ・ドイツを揶揄《やゆ》する話題の代表が、ミシュランガイドにのっている街のおもなレストランが「マクドナルド」であるということは、確かにうなずける（ただし近年ではオランダやドイツでもレストランの状況は数十年前ほどまでには酷くない。またとりわけ両国とも、「煮る」ということには相当に深い「ゲルマン・東方（スラブ方面）」の伝統があり、そこでのかなり独自な「旨み」をまったく無視することもできない）。

フランスでのマクドナルド襲撃は、普通は、アメリカ資本主義による伝統文化の「圧殺」という、すべてをネオリベ資本主義で「制圧」していく動きに対する「抵抗」の象徴であるととらえられるし、それ自身は、ファストフード、世界均質基準に合理化される食品（それでは食物が家畜の餌になっていく）、地域的な個別文化の危機、これらに対する「反逆」ととらえられうる。

だが、実のところ、おそらく、マクドナルド襲撃こそが、食事の味を気にしない英米と北ヨーロッパの「腐敗なき文化」に対する、「味＝腐敗」の争いの象徴ではないかともおもえる。そしてこの「味なき文化の侵入」と「味をこそ重視する文化の抵抗」は、まさに世界政治的な意味をもっているのではないだろうか。だから反グローバル化の暴動が「マクドナルド」へと集中するのは、もちろんあのマークがいかにもアメリカの世界支配のシンボルにみえることは確かだとしても、一面ではそこでの「味」の問題なのであり、それゆえ、きわめて深い、文化総体にかかわる事例でもあるのではないか。

端的にいおう。焼いたものという「単調さ」を強調するアングロサクソン系の食文化は、均質なお金の価値で、世界全体を覆いつくそうとするアメリカ資本主義のあり方そのものを示しているのではないか。それに対して「腐敗」をもととする料理の世界は、均質なお金の価値では表現できない「何か」を目指す文化圏であるとはいえないか。マクドナルドは資本主義の象徴であるが、その本質は「味のなさ」である。それは、お金には「量」以外の尺度がないこととときわめて類似している。アメリカのネオリベラルな大金持ち、とりわけＩＴ企業関係者が、コーラとマクドナルドをこよなく愛し、大金持ちも「質素だよ」というアピールをなすのは、きわめて理にかなっているのではないか。アメリカ資本主義とは、徹底したコーラとピザとマクドナルドの世界なのであり、大金持ちはその信奉者にほかならないからだ（もちろんここにマックス・ウェーバーの『プロテスタンティズムの倫理と資本主義の精神』の現代版をみることもたやすい）。

あえて繰り返しておく。「焼いたもの」の価値は「量」である。それは単純な栄養補給である。そして、腐敗したものの価値は「質」である。それは栄養補給ではない「旨み」である。もちろん、厳密にいえばこの両者を含まない料理は、どこにも存在しない。アメリカのピザはイタリア料理であり、ハンバーガーには腐らせたものの代表である酢漬けのピクルスがはいりこむ。そして、かくもマクドナルド襲撃が好きなフランスにとっても、フランス版マクドナルドであるクイックがある始末である（ベルギー由来とのことであるが）。それはその通りだ。だがこの二つの軸が示す、食と政治をめぐる問題の巨大さを考えずにすますことはできないはずだ。

しかしながら、「腐敗」にかんしては、アメリカ・イギリスもまた主役になる別の主題があることは無視できない。それはアルコールである。英米では、どこでもビールを飲んでいる。大量に飲んでいる。大学のなかでも飲んでいる。ビールにかんしては、量だと一概にいえない部分がある。フランスのワインや日本酒の酒蔵ほどには、原産地による規定は細かくないとはいえ、ある種の地域性はある。アルコールは、まさに蒸留酒（ウオッカなど）も含めて、基本は発酵飲料である。しかしこの点も、イギリス人がビールを飲むときのつまみの「貧困さ」とそれに反するような「量」のおおさをみれば、日本との差異に愕然とする。それはそうなのだが、アルコールという話題自身は、この章の決定的な主張である「人間が食べるものは毒ではないのか」に強く関連した主題でもある。

「質」の政治性をもった「味」の文化である「腐敗したもの」の考察をもう少しおこなっておこう。

「腐敗」とは、食物を毒にすることでもある。下手に腐敗したものは、人間には食べられない。何のコントロールもなく腐敗させると、食材はそれとしての価値を失う。これは当然のことである。

「腐敗」はそれゆえ、文化による「毒」のコントロールを基本とする。そして「腐敗」が時間をかけ、水を含ませ、何かの菌による発酵をひきおこすことであるならば、それは、煮ることがそうであるように、腐るがままにしておくことのコントロールという、実に精妙な技術をそなえるものである。それはもちろん、ある種の「保存」のための合理性をもっていただろう。だがそれだけではない重要性が「腐敗」には含まれている。

やはり人間は毒を食べる

人間以外の動物は料理をおこなわない。その意味では、人間以外の生物は生のものしか食べない。またそれぞれの生体にとっての毒はある。だがそれは端的な死をひきおこすだけであり、毒を好んで食べるのは人間のみである。

もちろん人間にも、いかんともしがたい毒はある。フグ毒や毒キノコなど、つべこべいう前にいのちを奪うものもある。また近年のO157やノロウイルスなどの問題があることは確かであり、この手の爆発的な発生は、ただちに集団死につながるものでもある。だからもちろん毒は毒であり、それ以外の何ものでもない。だが人間がこれらをぎりぎりのところまで摂取することはきちんと考えられてよい。

さらに食べることにひきつければ、「腐敗」のほかにも考えるべき問題はある。現在の食生活はそもそも塩分過多になっている。人間にとって塩分は不可欠の要素であるが、その過剰な摂取は人間にとって端的に毒である。日本の東北地方での塩分濃度の高い食事が、高血圧やガンなどの原因であったことはよく知られている。また戦時中に、徴兵逃れのため、直接醬油を飲んだ事例も有名である。醬油にはそもそも致死量がある。しかしながら塩っ気のないものは、おおよそ人間にとって「味気ない」。塩は代表的な「非生物」の食品だが、これ自身が毒であることは一面では真理である。

まして「腐敗」をもちいた料理とは、普通は毒になるものを、その過程をコントロールし巧く利用することである。そこでは毒と毒でないことの紙一重のニュアンスでことがなされている。もちろんその多くは伝統的であり、長期間の試行錯誤によって成立している。さらに近代化された食品システムは「腐敗」のコントロールも、それに使う菌類も解明しつくしており、安全性はほぼ担保されている。だが、そうであっても、味にこだわる文化では、人間は毒こそを食べるのである。これが文化における食の根幹であることには変わりがない。

嗜好品・アルコール・デザート

ここまでレヴィ＝ストロースに即して、腐ったものという論点を、味のもっとも重要な要素として際だたせ、これを毒という方向からまとめてみた。ただ、毒ということを考えるならば、これにはとどまらない人間のさまざまな、ある種の合理性からは外れがちな食生活がある。それらを「毒」と称することは少し表現が過剰だといわれるかもしれない。しかし人間が、少なくとも、栄養摂取という観点から考えればいささか逸脱的な食生活を、しかも食べることの中心においていることは確かだとおもわれるのである。

アルコールが、歴史上相当に古い起源をもつであろうことはすでにのべた。これは発酵によって成立するものであるが、人間は米、麦芽、ブドウ、トウモロコシを代表とする、実にさまざまなものからアルコールを精製する。それらは、一面では気付けグスリに近いもの、あるいは水分を消毒して摂取するという合理的な理由をもって存在したものかもしれない。だが古代ギリシアのバッカスの祭や、日本の冠婚葬祭や宗教儀礼などで伝統的に日本酒がない状態は考えられないことからみても、「酔う」ことは「食べる」ことに欠かしえない要素であるとおもわれる。

定型化されたフランス料理（いわゆるコース料理）では、当然シャンパンなどの食前酒を飲む。アミューズ・グルの途中で、さまざまなアルコールを頼むひともいるだろう。アントレにつづくお口直しのシャーベットのあとでは主菜になり、魚料理には白ワイン、肉料理には赤ワインである。そしてフロマージュ（チーズ）の段になると、まさに食するチーズとのマリアージュ（とりあわせ＝結婚の意味）を踏まえたワインを注文するのがたしなみである。デザートには、甘いデザートワインもある。そしてすべてが終わったあとは食後酒である（これは、酒というよりは、口内消毒用アルコールに近いともいえる。アルコール度数がものすごく高い蒸留酒がでてくる）。

私も好奇心から、こうしたフランス料理につきあったことがあるが、いろいろな意味で身に危うさを感じた（ご想像いただけるであろう）。ここでは、フランス料理の儀式的な伝統性が相当に強固に現れている。ただし、当たり前ながら普通のフランス人の食卓はきわめて質素であり、そんな食事など特別な日以外はない。それでも強調しておきたいのは、学会のランチの場面では、大学構内の立食であれ、レストランにいくのであれ、ワインが用意されていないことは「ありえない」（あるいはそれこそ「失礼である」）ということである。

アングロサクソンの食事にはずいぶんと文句をいわせていただいたが、イギリスにおいては、アルコールの占める重要性はより激しいかもしれない。北欧からイギリス、あるいは南半球のオーストラリアなどのイギリス圏に顕著なものが、いわゆるパブという飲み屋である。ロンドンの中心部でも大学街でもどこにでもある。そこには、会社帰りのサラリーマン、電子書籍で本を読む女性、雑多な労働者の群れがいる。大学のゼミや学会の帰りでも、ひとは必ずパブに寄る。そこでみな、パイント（日本の中ジョッキより大きい）で頼んだビールをひたすら飲むのである。いわゆるエールビールは、そんなに濃くはないのだが、彼ら彼女らがただひたすら飲む姿は壮観である。

　このときには彼らは、驚くほど何も食べない。私も、学会にいったあと一緒にパブにつきあうこともあるが、日本人が欲しいのはつまみ（関西風にいえば「あて」）である。だがイギリスにも北欧にもそうしたものはほとんどない。どう頼んでも、少量の豆を炒《い》ったものや、フライドポテトが少々というのが関の山である。そしてビール以外のものを頼みたがる私は、明らかにその場では変な人間である。みなビールしか飲まない。以前、ヘルシンキにいったときも（北欧はいわゆる海の交易・移動をベースとしたイギリスときわめて強い文化的つながりを感じるが、何しろパブにおいてそれは視覚的に顕在化している）、目の前の会社帰りとおぼしき二人は、立ち席の丸机に陣どって、ほぼ何もしゃべらず数時間ひたすらビールだけを飲んでいた。何も食べずに、無言で、である（私はうしろからじっと観察していた）。すさまじいなとおもった。

　まさにフランスとイギリスの差異（料理に即した多様なワインと蒸留酒、ただただそれのみを摂取するビール）があり、ここでも「質」と「量」の対称性は浮きあがるかもしれない。だが、両者ともにいえることは、アルコールなき食事はないということである。「味のある」国にも「ない」国にも、前者は味をひきたたせるために、後者はむしろ味なき料理から逃げるためとでもいうように、アルコールは食べることに付着している。後者では、その料理の味気なさをビールという発酵物で補うかとでもいうように、それが前面にでる。ロシアはどうか、あるいはアルコールを忌避するイスラムはどうか、などさまざまな展開は可能であるが、いずれにせよアルコールという「発酵させた」一種の「毒」は、そしてそれに付随する「酔い」という状況は、食べるという主題に欠かすことができない。

草をもとにした嗜好品

タバコ、大麻(マリファナ)、そのほか自然草をもとにした「嗜好品」については、毒を喰らうというテーマにおいて、周辺的にではあれ、のべないわけにはいかないだろう。そしてこれらがもたらす「状態」は、現代社会において法的な度あいは異なるにせよ、どんどん忌避対象となっている。とりわけ寛容にあつかわれてきたタバコは、近年では全世界的に駆逐の対象である。おそらくは公共的な場面からも、また経済的な締めつけによって私的な場面からも除去され、そのうち世のなかが「清潔な空気」に充たされることは確実であろう。だがこうした周辺的な事象が最終的にすべて消えることは考えられない。私個人は、マリファナの甘ったるい匂いは大嫌いなので、オランダのアムステルダム駅に降りてしばらく歩くとアタマがクラクラしてくる(オランダでは量的規制があるが合法)。ニューヨークの街角でも、そこここから匂ってくる。

昔のフランス文学だとハッシュと記載される大麻系薬草類のたしなみは、ある意味で普通のことであった。これらの健康被害については、政府や公式発表はおおげさだという意見もあるが毒であることは事実だろう。私は、ＬＳＤのように、純粋な化学物質として精製される薬物はどうかとおもうが、大麻は根本的に宗教儀礼にもはいりこんでおり、それ自身はアルコールと同じくらい根本的な人間の文化であるとおもう。哲学的に考えれば、正確な情報を与えたうえで、個人が嗜好として選択する分には自由な領域を設けたほうが「健康な」社会ではないかとも考えるが、現実的には資金源の問題そのほかの政治性がからんでおり、単純ではないことも理解する。

しかしながら軽い毒を摂取することは、食行動の重要な要素であるという直感は拭えない。アルコールも含めこうした薬草類は、食べるということにとってあくまでも周辺的なテーマであろうが、料理が「腐敗」と「発酵」を指向することで、何かの毒の要素を巧くとりいれることの極に、こうしたものがあるのは確かではないか。「酔う」という事態は、それ自身が食に付着した事象であることはさらに掘り下げられてもよいのではとおもう（もちろん、アルコールが消化を促進する、タバコが眠気ざましである、そのほか合理的説明はいくらでもあるのだろうが、それだけでは、こうした「食品」の根源性は理解されないだろう）。

デザートとコーヒー・紅茶

これを今の社会に、温厚に適応するとどうなるのか。たとえばデザートはどうなのだろうか。もちろん「糖」は身体に不可欠な栄養である。だが、純粋な糖や、チョコレートの原材料であるカカオが入手可能になったのは、まさに英仏の植民地経営の結果（一九世紀帝国主義による世界侵略の象徴的成果）にほかならない。そして大量の「スイーツ」をデザートとして食べる現代人の多くは、実際に糖尿病予備群である。ヨーロッパ社会で、食事のあとにデザートが配置されているのは、そもそもパンに糖類が含まれていないからだともいえる。しかし同様の食事を日本にもってくると、日本では主食が米であるため消化されると糖分は過剰になる。本来はいらないのである。

さらにいえば、コーヒーと紅茶もある。これも健康に役立っているというはなしもあり、それもまた実際そうなのだろうが、しかしカフェインについても過剰摂取は毒である。カフェインは、大抵の茶類にもはいっている（緑茶もそうである）。これらもまた、砂糖と同様、英仏の植民地経営の重要な取引商品であり、ヨーロッパによるアジア・アフリカ・南米の「搾取」のポイントであったことを（あるいはアヘンがまさに戦略的支配の道具にされたことを）考えても、料理のグローバル性という観点から検討すべき点はおおいとおもう。

人間の食事をセットとしてみたときには、毒が必ず含まれているのである。発酵がコントロールされた「腐敗」であるとしても、料理の隠し味は一面は毒的なものである。一汁一菜の質素な食事にも漬け物があり、味噌汁がある。それ自身は毒ではないが、毒になりうるものである。もちろん、ロジカルにみて三種類の問題がある。体内にはいると危険なもの（食中毒・腐敗の失敗・毒でしかありえない食品）、発酵食品でコントロールされているが過剰になると健康被害はあるもの（アルコール、発酵食品に含まれる塩分）、そのほかの（緩慢な毒である）甘いものや嗜好品。もちろん、これらを端的に単一に毒としてまとめるのには無理があるかもしれない。だがそこには、緩やかな連続性がみいだされることも確かである。

毒を食べることの意味

さりとて私は哲学者である。生理学、生物学、保健学、医学が、あるいは司法関係で問題になる法学的な事例が示す「毒」の定義に、直接にはかかわれない。ただし、料理が「激性の毒」と「連続性」をもつことは、曖昧にであれ真実だろう。

しかし、毒とはそもそも何であろうか。確かに激性の毒、食中毒やアナフィラキシーショックをただちにひきおこすアレルギー食品があり、それらが生死に（時間的に即座に）かかわる毒であることは承知している。だが、そうではあれ、どこかで毒につながる「腐敗したもの」をこよなく愛するものが人間である。そうした意味で毒とは何だろうか。

この本の最初で、食べるものは大抵は生き物であること、それゆえそこには「殺す」という事情が関与することを記した。そして人間には人間を食べないというカニバリズムの忌避があると論じた。しかし総じて生きているものを同類とみなしてしまえば、食べることはそもそも生命のカニバリズムであるとものべておいた。

先に記したことは、生き物を殺すことにともなう後ろめたさであった。だが他面では生き物を殺すことの「快楽」もまた人間のひとつの本性ではないかという点も、考えるべきではないかとおもう。

はなしを戻す。個別論でなく本質論で考えて「毒」とは何であろうか。それは生物である私の存在を脅かすものである。時間的に劇的であれ緩慢であれ、私の存在を脅かすものが毒である。私の存在を脅かすものとは、端的に私にとって異他的なもの、同化不能なものである。これは言葉の問題ではない。私に異他的なものが体内にはいると、免疫反応がひきおこされることは知られている。いろいろなレヴェルで、人間は自分にとって異他的なものをなるべく避けようとする。

ただ不思議なことに、人間は、自分ではない他の生物を食べざるをえない。体内にいれざるをえない。もちろんその矛盾が露呈するのは、まさにアレルギー反応であるが、そもそもなぜ他なるものを自己にいれないといけないのかともいえる。さらに不思議なことに、カニバリズムの忌避の対象は自分に近いものである。カニバリズムを避けるということは、自分と近いものは食べないことである。そうであれば他なるものを食べること、毒を食べることは、構造的な必然である。

実は、絶対に他であるものを体内にうけいれる場面はもうひとつある。それは女性がセックスによって男性の精液を体内にいれることである。ただし、これも難しい問題があることは承知している。子宮は身体としての自己の内なのか外なのか、そもそも妊娠することは明らかに他者（まったく血液型が違うこともある別の個体）をそこで育てるのだから子宮は完全に身体の内であるとはいえない。それは、食べることとかかわる「消化器官」についても同様にのべることができ、口から肛門へといたる管は、内にとりいれるものと排除するものとの選別をおこなっているのである。（さらにはさまざまな有用な菌がそこでまさに共生的に活動している）、そこが身体としての内か外かは問題である。ただし何度も示してきたように、食と性とのあいだには、ここでも平行関係があることは着目すべきだとおもう。

人間は毒を食べる

だが不思議ではないか。人間は、普通は他なるものは退ける。自己を守るためである。だが、食べることにかんしては他の生き物を殺して食べる。同族を殺すのはタブーであり食べない。「伴侶種」であればあるほど食べない。「豚のPちゃん」は食べられない。ペットになったものは食べられない。オバリーにとってイルカは食べられない。カニバリズムの概念は明らかに拡張する。しかし食べて口のなかにいれ、味わい消化するものは他なるものである。そして毒であるものの根本的な規定とは、自分でないものを体内にいれることであろう。それでは人間は毒であるいいいいいいいいいいいいいものを食べるというのが本質的な規定になってしまう。それでいいのではないか。

人間の料理の核にあるのは、明確に毒に近い「腐敗したもの」である。そして人間は、すれすれに毒であることを認識しているアルコールを飲み、ある文化では麻薬的なものを好んで摂取し、過剰なカロリーが危ないといわれても砂糖を摂取しつづける。チーズや漬け物、納豆やヨーグルトなど、世間的に身体によいとされるものも、コントロールされたかぎりの腐敗物である。総体的にいえば、美味しいものは、腐ったものに代表される毒である。

そこでは「他なるもの」を「同化する」という生物学的な装置に、その本質が「結局は毒のあるものを食べている」という人間文化上のパラドックスが、料理（の果たす操作）によって強化され、はいりこんでいるのではないか。もちろん、本当に危ないものは吐く。それが自然の本性である。だが一方で、毒を食べることは、わざと「他のものを同化」することの業を、食の行為のなかで強調していることだとはいえないだろうか。そして、もう一歩踏みこむならば、それは他の生き物を殺していることとひきかえの快楽につながっている旨さではないか。

殺すことの快楽

食については、これと同じように奇怪な風習はたくさんある。先ほど記述したフランス料理のフルコースは相当に奇怪だ。中国の満漢全席は非常に有名で、数日間食べつづけるという異様さはそれ自身何だろうとおもう。アジア圏では酒にかんしても、つがれた酒を飲みつづけなければならない風習があるところがおおい。アメリカ人があそこまで太るほどのピザとポテトとコーラを摂取するのも異様だし、ブラジルにいけば、大人はそこらでビールと甘いドーナッツを食べていて驚く（こんな健康に悪い食事もないだろう。ただしブラジル自身はすでにのべたようにかなり多様性のある豊かな食文化圏である）。当然、そこには社会的地位や権威性、また経済性（経済的に貧困な層が大量のジャンクフードを食べることはよく知られている）が反映し、関与していることはわかっている。

しかし、そういう合理的理由をすべて認めたうえで、食べることは、他のいのちを食べることであるということの別側面が、こうした暴飲暴食の文化においても示されていないだろうか。殺すことの忌避とともに、殺すことには快楽がともなう。そうした快楽性の強調が、食のなかにはいってはいないであろうか。

さて、これに対して最終章では、おもいきり話題を逆方向に振ってみたい。人間にはもうひとつの極として、「食べない」という選択肢があるということである。これもまた、人間という生物種にしかおそらくはみうけられない独自の文化性の露呈であるだろう。

最終章　食べないことの哲学――絶食と拒食

食べないこと

食べることをめぐる書物の最終章に、あえて食べないことの哲学をおいてみるのも一興とおもっていただきたい。

確かに人間にとって食べることは、不可避のことである。人間は生物として相当に雑食的で何でも食べる。また人間は間隔をおかずに食物を摂取しつづけなければならない生き物でもある。しかし逆にいえば、人間は「食べない」という選択肢をいつも保持しつづけている。もちろん、本当に食べないと死んでしまう。だが人間は、自死ができる唯一の生物でもある（といわれてもいる）。自ら食べないという行為を選ぶことは、おそらく人間以外の生物にはできない。だから人間の文化が極限にまでいたれば、そこで、飽食とは逆さまの極として「食べない」ということが現れる。これは理にかなったことであり、食べないことの哲学は、食べることの哲学の裏側にいつも控えている。

もちろん、生きつづけるためにわざと何も食べないこともある。いわゆるダイエットがそれにあたるだろう。栄養過剰による身体の不調を解消するとき、あるいは美容的な価値観で自分の身体（体重・体型）をコントロールするとき、一時的に食べないことはある。デトックスや精神安定などのために食を絶つことは、伝統的にも広くみうけられる現象であり、それ自身、贅沢であるかもしれないが理解できることでもある。

ただ、本当に死に直面するまで食べないということはない。とはいえ文化の極限の場面を考えるときには、こうした事例があることもまた事実である。

宗教的な絶食

そのひとつは、宗教的な絶食であるだろう。もともと宗教的世界、それも山岳宗教や修道院などの世界では、食べ物に対する相当に厳しい戒律があった。修験道のなかで山岳を動き回る宗教者は、基本的に少量のものしか食べない。

ただしその一線を越えて、一切何も食べないことも宗教にはある。日本でいえば即身仏がその代表である。これは、土に埋まり絶食しつつ念仏を唱え死んでいく儀礼的所作であり、最高位の聖性を身につけるための手段とされている。即身仏は、東北地方でよくみうけられるが、熊野など関西でも、極楽浄土信仰があったため、船に閉じこめられ南の海へ流されるという補陀落渡海《ふだらくとかい》の儀礼があった。これは「食べる」＝「生き物を殺す」への最高水準の抵抗であり、人間の文化的形態が極限にまで達したものだともいえる。

即身仏のような事例がどこまで世界中でみうけられるのかはわからないが、宗教のひとつの極限に、食べないということがあるのは事実だろう。それは、生あるものを殺して生きつづけることの徹底的な放棄であり、人間が自然と乖離し、その尖端性を提示する行為なのだから。

拒食症

もうひとつ、後期資本主義の現代社会に限定されるのかもしれないが、別の方向で、食べないという現象がある。それは拒食症である。

拒食症は、ほとんどの場合、過食とセットになって起こる。それは身体性に強くかかわる、社会適応への違和感がもたらす精神症例（摂食障害）であるといわれがちである。ある種のファッションモデルが、身体のスタイルが崩れることの恐怖から拒食症をひきおこすことはよく知られている。またそうした特殊なひとでなくとも、何らかの適応ストレスの発露として、過食と拒食があることは、さまざまに語られている。だからこれは、むしろ一種の自己への固執および自己防御といえるのかもしれない。端的な自己放棄である即身仏とは、別のベクトルを向いているとものべられるだろう。

だがこれもまた深く、死への、自らを殺すことへの、精神分析的ないい方をすればタナトスへの方向性を示すものであるとおもう。死への「遊戯」といってしまえばいいすぎかもしれないが、過食と拒食との繰り返しは、リストカットなどに近いものがあり、つねに死ぬというリアリティに直面したものである。このことが「食」という生命的に原初的な行為の根幹にかかわる点はやはりみのがせない。

食べる人間の論理と倫理を照らしだす

断食は、おそらく相当古代からあった宗教儀礼である。それは身体と生の純化を図る試みであっただろう。拒食症は、さまざまな淵源が辿れたとしても、ある種の後期資本主義社会の文明病であるとおもう。その歴史的な位相はおそらく薄いものであり、なおかつ身体の純化といっても、宗教者のそれとは異なる。

にもかかわらず、「食べなければ死ぬ」という、食べることにまつわる厳粛な事実に対し、敢然と抵抗を示すというこの二つの相当に強い衝動性に支えられた行為のあいだに、本当につながりがないのかは少し疑問にもおもえる。この二つの主題は、ここまでこの書物で論じてきた事態に当てはめれば、その方向性において、かさなるものがあるのではないか。そしてそのときに問題になるのは、先の章で論じた、自己と他者という問題系なのではないか。

あらかじめ断っておくが、私は、哲学や倫理学の観点から食べるという問題をあつかっているのであり、宗教学や、精神分析——とりわけその後者では、きわめて錯綜した難解な議論が展開されている——にさほど詳しいわけではない。この二つの主題には、食べるという方向からではなくとも、さまざまなアプローチがありうることはよくわかっている。これらは、それぞれ優に一冊の本が書けるような内容を含んでいるだろう。そのような記述はここではなしえない。だがこの二つのテーマは、少なくとも裏面からであれ、食べる人間の論理と倫理を照らしだすものとおもえる。こうした観点から、幾分かのことをのべ、食べることの哲学への別の視角をささやかながら展望として示し、最後にそこからかいまみられる食の未来に触れることで、この本を終えることとしたい。

なぜ断食をするのか

宗教的断食にもさまざまなものがある。イスラムのラマダンはあまりに有名であるし、聖なる期間に食を絶つ、あるいは少なくとも食にかんする儀礼の一部に「食べない」ことが含まれることは、宗教にとって普遍的なこととおもわれる。

それでいえば仏教、とりわけ日本の一部でもおこなわれていたような即身仏や、熊野の地方の儀礼は極端なのかもしれない。食べずに死ぬのは、大変な苦痛がともなうと想定される。人類は歴史上、飢餓の状況を数多く経験しているであろうが、個人が、自分の意志で食を絶つというのは尋常ではない決意が必要であると推測できる。

とはいえ、「食べない」ことは「食べる」ことの徹底的な一側面である。この書物が基調としたことは、食べることはほかの生き物を殺すことをどこかに含んでいるということである。カニバリズムや宮沢賢治の記述はそれに強くかかわるものであった。そこで殺すことへの忌避を強く意識するならば、自分は食べないということが当然の結論であるだろう。

そしてそれが、一種の清浄な生という観念とむすびつくことは理解できる。これは、食べることにかんする根源性のもつ薄暗さに対して最終解決をもたらすものともいえるからだ。そしてこれも何度も繰り返したように、食と性との連関を考えれば（第一章、第四章、第六章などを参照のこと）、ある修行者が性的な欲望を絶つこととパラレルに、食べないという極限をもつのも理解できる。完全な反－自然であるがゆえに、自然の身体にとっての意味が強くでるからだ。

自己純化としての断食

少し哲学的に考えてみる。前章の終わりと関連づけるならば、食べることは他者を口にすることであり、そうであるかぎり、どこかで汚染的なものでもある（それゆえ毒を食べることを、一種の基本にする部分がある）。もちろん毒とは、表面的には発酵や腐敗の産物のことであり、これを身体の内にいれるときに生じる反応を指す。これに対して、宗教的な絶食は、毒を排除するというよりは、ほかの生物を殺すことの忌避に強く連関している。しかし結果として自死を導くにせよ、この忌避は、一面ではかぎりなく自己を純化させる欲望ではないか。別のいい方をすれば、人間である存在者が、自ら生物であるにもかかわらず、しかし、生物や動物性をもたない自分の部分を際だたせようというおこないなのではないか。

もちろんことは単純ではない。たとえば、食との平行性が明らかな性的行為を想定すると、人間以外の生物は、そもそも相当に秩序に即した行為形態しかもちえない。いわゆる発情期、あるいは繁殖期に依存する季節的な周期性がきわめて強い。人間は、その点で相当に逸脱した生き物であるとよくいわれる。それゆえに、性についておおくのタブーを設け、またその忌避を示すことで、人間は生物としての何かを守っている。同様に、雑食性であり何でも殺す（ほとんどのものを食用にしてしまう）生き物であるがゆえに、それへのタブーが顕在化すれば「何も食べない」ことは想定できる。それは「自己」が、「殺す」という回路を経ないで、自己としての生き方をまっとうする道であるのかもしれない。

こういう宗教者の振る舞いへの判断は措く。現代社会で、相当特殊なひとでないかぎり、これはおこなわれることはない。だが単純に考えるならばこの純化は、どこか「自己」という領域を、意識的に「他」なるものから切り離そうとするときに、いずれここまでいたるべき場面である。

しかしながらこれは、宗教者に限定された行為であることも確かである。そしてこれを完遂することは、即身仏になる宗教者が、そもそも多数の僧のなかで最高位のものであることからもわかるように、生半可な人間にできることではない。

ということは、これ自身は極限であるがほぼ理念だ（つまり、実現するものではない）ということになる。だが、食べることの薄暗さをどこかで自分の身体の奥底に含みこんでいる人間にとって、このあり方は理念であれ普遍性がある。よだかの、醜い自分（通常、自分とは誰にとっても醜いに決まっている）がどうしてほかの生き物を食べて生きつづけなければならないのかという問いは、人間すべての心の奥底にある主題である。それを顕在させるか押しこめるかだけの問題である。

他方この行為は、自然と文化、動物と人間の双方をわかちもち、それらの境界を生きる人間にとって、「異物」を完全に捨て去ろうという行為にもみえる。ほかの生き物を殺さず食べないということは、毒を究極にまで回避する純化である。それゆえこれは、人間のこの世界における特権性を「理念」であれ、極限にまでひき延ばすものでもある。

喰われる喜び

即身仏であれ、補陀落渡海のような船送りであれ、それがある徹底した囲いのなかにいる（即身仏は埋められながら一定の空間でなされる。船送りは、四方を鳥居で囲まれた箱のなかに閉じこめられる）のは、そこが厳粛な宗教空間であるとともに、一面そこで意志の弱さを絶つためでもあるが、同時にそこで人間が弱った動物性を露呈させれば、いつでも食べられる存在に転落することとも関連するだろう（第二章などを参照のこと）。このことは防御でもあるのだ。それはこの行為が示す「人間であることは、どこまでいけるか」という問いに対して、どんでん返しのような自己の動物的存在性――まさにほかの生物に喰われるということ――を突きつけられることになる。

だが宗教者は自分が他者に喰われることから身を守るだろうか。それは自己純化の極限が、自己の動物性の露呈に反転する場面である。しかし、自己が他者に喰われるという位相をもってこそ、本来的には即身仏の意味もあるのではないだろうか。即身仏のさなかにも、さまざまな虫や菌やカビやバクテリアが襲撃してくる。通常死骸を乾燥させるのはそれへの抵抗である。船送りされる身体は、失敗して奄美や沖縄に漂流しないかぎり、最終的には魚に喰われる。

とはいえ真の宗教者は、私が何も食べないと同時に、私が喰われるという事態をも肯定するはずだ。それはそれで喜びなのではないか。人間であることの最果てに、どこまでも毒＝他者を退け、自己を純化したとしても、そこで残る身体は、少なくとも一部は何かに喰われていく。それは逆立したよだかの星である。そして真の宗教者がこれを拒絶するとは到底おもえない。実際にはわれわれは、太陽の光には焼かれないし、本来的には何かに喰われて大地に還るよりほかはないのだから。

後期資本主義の欲望と身体

近年きわめてさまざまなところで問題視されている精神病理学的な一例として拒食症がある。

これについての議論はこみいっており、単純に語ることは到底できない。ただ、拒食が過食と表裏一体であること、そして拒食の試みのなかにはどこかで強い世俗的な生への自己否定の力と、やはり自己純化の力（あるべきスタイルを保持するために何も食べないモデルのように）がおおきな要素になっていることは、絶食とかさなることである。

しかしながら、やはり理念として人類の相当初期から存在するであろう断食に対して、拒食症は（もちろん過去からさまざまなヴァリエーションがあったにせよ）ほぼ近代以降の問題であることは事実である。資本主義の身体に固有な問題性がそこには確かに現れている。

さらに重要なのは、絶食は意志的な行為であり、しかも相当に強固な信念にもとづいた決断を必要とするのに、拒食や過食は、どちらかといえば、主体にとってコントロール不能な、世間への違和なり、ストレスなりから生じるということである。それゆえ大抵、拒食や過食は、本人だけの意志ではどうにもできず、むしろ医療的・臨床的な事例になる（ただし宗教施設と病院体制は、どこかでかさなりあってもいる）。しかし、いずれにせよ、一方が強固な意志の産物であり、他方がやむにやまれぬ部分が前面にでることは無視できない。

拒食はおおきく社会的な欲望にもとづいているといわれる。そこで際だつのは、後期資本主義に固有の自己性にかんする欲望である。

よくいわれることであるが、資本主義の後期にある種のリベラル社会（個人の自由と主体性が中心になり、制度的にもそれが保障される社会）が完成する。人間が自由であることは歴史的にみても現在的な倫理の観点からしてもよいことだ。しかしリベラルな社会はリベラルであるがゆえの困難を抱えこむ。自由であるのだから何をしてもよいかといえばそうではない。人間にはそれぞれの身体的能力的な限界がある。かつての封建的社会では、ある種の自由が制限されていたがゆえに、それこそ無条件でうけいれなければならなかったことが、すべて自由の名のもとで選択可能になる。とはいえ、当たり前だが人間は何でもできるわけでも、何にでもなれるわけでもない。何でもできるがゆえに、何もできなくなる。それがリベラルな欲望の特徴である。

しかし後期資本主義の運動は、そうであっても大衆の欲望を均質化させる。すばらしい生活、あるべき規範。人間は封建的社会のくびきから自由になったはずなのに、そうした金銭や情報のもたらす「すばらしき生」に好んで従属させられる。身体はそうした事態のターゲットになりやすい。肥満や、痩せていることは、すべてではないが、遺伝子に依存する部分がある。しかし資本主義情報社会における美醜の概念は、メディアを通じてあるべき身体や自分を押しつけてくる。二〇一〇年前後にかなり煩《うるさ》く語られたメタボリックシンドロームへの非難などは、国家財政の問題として、ある程度以上の医療費負担が不可能であることを、個人の「自己管理」というテーゼに転化して主張されただけに一層たちが悪いものだとおもう。食べることと身体の関係性が別のかたちで現れてくる。

身体的な拒食や過食は、思春期的な病である部分がおおきいとおもう。それはこの時期に、ひとはさまざまな自己決定をなさなければならないからであるだろう。身体はこの時期のストレスに対して、きわめて敏感に対応する。やむをえないこととおもう。

カニバリズムのタブーの反転としての拒食

こうしたメカニズム、つまり後期資本主義社会に独特な拒食や過食が、いかなる欲望の回路、ストレスの蓄積によって起こるのか、それは臨床的病理学的な説明に任せるしかない。だが、こうした事態が、「食べる」というかたちで、身体そのものにかかわらざるをえないことは、どこかで遠い過去をひきついでいる部分があるのではないか。つまり、この書物のなかで「薄暗い」と描いてきたタブーに近い領域で生じていたこと、そこで、生物でもあり文化でもある境界線の出来事として示されてきたことと関連があるのではないか。

食べないということは一面では、生物であり動物である自分の身体への攻撃である。それはある意味では他の「動物」に向けられる攻撃性を、何らかのかたちで自分に向け返すこととして、カニバリズムのタブーの反転であるとさえいえるかもしれない。資本主義やリベラリズムのストレスは、人間が自然にのぞきこむ淵と比べれば、大変に表層的なものにみえる。それと根源的なタブー、生き物を殺し、それを摂取するという大原則とは、ただちにはむすびつかないかもしれない。とはいえ、この両者はまったく無関係ではないだろう。

前章の「人間は毒を喰う」にたち戻ろう。そこで問われていたのは、生き物を食べる人間は必ず、自己ならざる「他」を食べるということであった。毒とは、直截的に身体に関連するが、そもそも何が毒かといえば、自己の他なるものは、つねに自己を汚す毒である。だが、すでにのべたように、生き物は、他なる生き物を殺し食べつづけなければならない。仏教でいえば、やはりこれは相当な「罪」である。それゆえ、宗教的絶食に普遍性があるのはよくわかる。それは生きることへの根本的な反逆なのである。もちろん宗教性が自然を重視しないといっているのではない。しかし絶食につながる宗教的振る舞いは、まさしく反生物的で極限的に文化的である。

拒食や過食はどうだろうか。これは一見すると生物学的な欲求の壊れのようにおもえる。精神的ストレスそのほかによる摂取異常であるのだから、病理的に考えれば生理的に解明しうるようにみえる。とはいえ、このこと自身がすでにのべたように、他者性の拒否（他の生き物を過剰に食べる場面もあるが、結局はそれをほとんど摂取しない）と、自己純化を目指すという点で、断食とつながっている。ほかの生き物を殺し自ら生きることへの何らかの拒絶が、拒食の理由ではないとしても、その何かの「根底」をなしてはいるのではないか。

拒食の痩せ細った身体はまったく美しくなく、恐ろしさすら感じさせる。それは人間が曖昧に暗い領域で何かを殺し、毒としてそれを食べつづける事情からほど遠いからではないだろうか。それは宮沢的な宗教的自覚や省察にもとづくものではない。繰り返すがそれは資本主義的欲望に晒されつづけることへの、防衛的な失調の現れだろう。だがそれが食べるという反応に現れることは、ひとの身体とは何かという視点からも、よくよく考えてみるべきではないか。

食べないことから食の哲学の今後へ

こうした拒食の問題は、もう一方ではもちろん現在の飽食的状況への拒絶でもあるだろう。食の問題をみまわすかぎりでは、こうした事態はさまざまな事象とともに警告として現れているようにもおもえる。

たとえば性の問題と再度からめてみれば、この問いは、ある種の他者性の拒否として、少子化という現象と平行的な問題として現れているともおもわれる。拒食が、さまざまな資本主義的欲望の失調と関連があるのと同様に、少子化も社会経済的・精神文化的な問題であることは確実であり、単純に身体と性の問いとはいえないことはもちろんである。しかしこれらは、ともに身体とその存立に対して、その根源を否定する方向性をもっている。つまりある文明の流れのなかで、拒食と少子化とが人類の自殺的側面を共有していることは事実なのではないか。それはきわめて深いところで、人間と自然の動きと連動していないとはかぎらない。

さて、食べることの哲学の締めとして食べないことの哲学をおいたのには、いくつかの意味がある。

今後、断食のような形態での、宗教性に侵された「食べない」という事態は、一種の自然への指向との関連（自然食品やヨガやダイエットなど）でも、ある部分で突出するかもしれない。さらにいえば、たとえば、「食べてはいけない」というフレーズで書店を賑わせているような、数々の書物との影響と関連して、ある種の小さなブームになることはありうるだろう。また、これまでアングロサクソンのグローバル化的な食を相当批判的にあつかってきたが、食におけるグローバル化は今後も着々と完成していくよりほかはないだろう。いまさらわれわれが「自然」なローカルフードに戻ることは不可能であるし、もちろんある種の揺り戻しとして自然食品が話題になるとしても一時期のことで、つねにわれわれの食事がなされるのは巨大スーパーの安価な総菜によってである。いうまでもなく食品添加物にまみれた毒に溢れた食品である。そんなことは誰もが知っている。

「食べてはいけない」式の健康啓発本は、それ自身が「売れればよい」という資本主義的欲望にまみれ切った書物であることはあまりに自明である。警告書にかいてある食品を何も食べないのは、自給自足をするか、よほどの金持ちでないと無理である。そうである以上、こうした主張も含めてすべてはグローバル化の手のひらの上の出来事でしかありえないことは当然である。

食べない文明

われわれの食の将来はどうなるのであろうか。いささか悲観的な見方と楽観的な見方とを併記しておこう。

ひとつは、今後われわれの食は、どんどん文明化が進み、それが極限に達するがゆえに、もはや食べないということしかない、あるいは食べることを少なくするということしかないということが想定できる。健康食品への礼賛や、ファストフードを蔓延させるのと同じシステムのうえにある「食べてはいけない」を真にうける潔癖症のひとにとって、「食べない」という選択肢しか今後はありえない。それは、いわばただ唯一の抵抗である。しかしいくら食品汚染にまみれた生活を送っていても、そしてそれがガンを多発させるとしても、実際われわれの平均寿命はかつてなく、まさしく生を退屈にさせるほどに長い。人生が長いことは、幸福にはあまりつながらないだろう。それならば、さっさと何も食べないで死ぬのがよいに決まっている。これは宮沢的な解決であり、実際にも無意識のうちで、拒食と少子化に代表される今の社会総体がおこなっていることかもしれない。荒唐無稽にきこえるかもしれないが、われわれの誰もが、今これを無自覚的におこなっている可能性があることは否定できないのではないか。

毒であれ食べつづける

ポジティヴなはなしとしていえば、もう毒を喰えばよいのではないか。われわれはすでに、太古から他者という毒を喰らっている。農業という原罪を迎えたときから、漁業を管理しはじめたときから、すでに自然にコントロールをかけた罪を平気でひきうけている。文明とはもちろん隠蔽の構造である。グローバル社会になり、別種の毒、つまりファストフードの毒、スーパーの総菜の食品添加物の毒というあらたな文明の毒が加わったとき、それはそもそも「毒」を食べることを業として負わされたわれわれが、そうした別種の毒を、文字どおりあらたにどう「咀嚼」するかという問題でしかない。その意味で問題は、いつでもどこでも変わっていないのかもしれない。最初から毒を喰いつづけてきた人類は、別種の毒に適合するほどに強い。それだけのことかもしれない。食べないことの哲学の終わりには、毒であれ食べつづけるしかないという結論しかだせないのかもしれない。

食べることの未来

まとめよう。われわれは自然を忘れた動物であり、自然を忘却した動物である。しかし自然であることの根底にどこかで帰らないかぎり、そもそも生きているというあり方そのものを失ってしまう。ただ現在の状況を前にして、ここからどこに進んでいけばよいのか、誰にもわからない。かつての未来を描いたSFのように、宇宙食のようなサプリメントしか食べない時代がくるのかもしれない。それは究極の断食に近いかもしれないし、栄養を考えたときに究極の豪華な食事なのかもしれない（ただし、料理の三角形でのべた「腐敗」をもとにする味はゼロに切り詰められる）。そのときは、われわれの身体そのものもテクノロジーによって変わるときである。人間は味覚や食感をあっさりと捨てて生き延びるかもしれない。それが福音か地獄かはわれわれには判定できない。

ただ食の未来を考えるときに、きっとこの方向性を、（吉本隆明が原発にかんしていった言葉と同じように）「これから人類は危ない橋をとぼとぼ」わたっていくように進まなければならないのかもしれない。それもまた必然のようにおもえる。

だが他方で、私はブラジルの肥満した民衆が、まったく健康によろしくないであろう甘い揚げパンを、ビールを片手に食べている場面を知っている。スペインの牛を殺す儀礼のなかで肉を喰いつづけていることを知っている。そしてフランスのノルマンディーの片田舎で、それこそ原発を使いながらも、周囲には牛と羊しかいない光景のなかで、その土地でとれた肉と野菜を食べシードルを飲みつづける景色を知っている。三重や和歌山や高知の海沿いで、とれた貝や魚を生きたまま焼いて喰らう食事があるのも知っている。

もちろんそれら自身もまた、コロニアル（植民地的）な産物であり、資本主義の枠組みにとりかこまれ、原発の電力によって可能であり、地球温暖化の帰結をひきうけていることもわかっている。だが、そこで民衆が、かぎりない笑顔でものを喰らいつづけることをどう解釈すべきか。それは食の複合性を示すとともに、食がどこかで薄暗さをひめつつも明るさのなかにあり、文化で覆いをかけつつも、生きているということの喜びに溢れた何かであることを示していることも確かだとおもう。

食べないということは、裏側から食べるということを照らしだすものであった。今後のわれわれの社会が、ますます食べない社会になるのか、あるいはさらに食べる社会になるのか、それはわからない。ある意味では両方なのだろう。

ただ、食べることにともなうある種の喜びや、それが抱える何らかの後ろ暗さは、社会がどのように変容しようと、生きている人間であるかぎり変わることはないとおもう。その境界線上のうえでいずれにせよ人間はもがきつづける。食べることは、こうした自然であり文化でもある人間の生の危うさについて、そのグレイゾーンを存分に示しつつ、なお地球のうえで、それでも先に進んで生きつづけなければならない人間の姿を、その情動すべてを含めて示すものであった。ここから紡ぎだされるもろもろの問いは、それこそわれわれがあるということの戸惑いそのものとかさなるものである。その戸惑いをひきうけることは、身体をもって生きている、人間でもあり動物でもあるわれわれの矛盾に満ちたありかたをはっきりと自覚することでもある。そしてそれは、身体をもち言語をもつわれわれの不可思議さを、よくよくわからせてくれる主題なのである。

いのちというのは強靱だ。個人個人は確かに脆弱であろうとも、この地球上に繁茂してきたかくも多くの人間たちは、さまざまな環境の激変をくぐりぬけ、ここまで存在してきた。そしておそらく、まだしばらくのあいだは存在するだろう。文化とはどうあってもそれに付着した何かにすぎない。だが、強靱で、縦横無尽に適応し、文化がそれを基盤とせざるをえない身体にとって、「食べる」ということがかくも密着した不可欠な主題であること、そして生きつづけるために、「食べる」という営為を、一面では伝統として継承しながら、一面ではやすやすと状況に応じて変えていかなければならないこと、このことをきちんと踏まえるべきである。

食べることにまつわるこの広大な領域において、まだまだ考えるべきことは数多い。そうした拡がりをさらに追究していくことは、それこそ食の未来をとおして、生きていることの未来は何かという考察につながるものだろう。

あとがき

この本を書こうとしたきっかけがどこにあるのかはもうすでに忘れてしまった。ただ、自分の大学の指導教員であった松永澄夫先生が二〇〇三年にご自身の二冊目の著書として『「食を料理する」――哲学的考察』を東信堂から出版されたことに起因する部分もある。詳細な感覚論や因果性や記号の議論を展開されていた先生が、突如こうした形の本をだされたのは、感覚論とのつながりでいえばよくわかるのだが、なかなか考えるところがあった。この本に触発され、先生の東京大学の退職時に、私自身も編者のひとりになって勁草書房より『哲学という地図――松永哲学を読む』という論集を二〇一〇年に刊行させていただき、そこに「食べることと生」を掲載させていただいたのだが、それはこの書物のひとつの下書きになっている。また本文中でもとりあげたが、雑賀恵子さんの『エコ・ロゴス』にも相当の刺激をうけ、食べるということと、自然哲学との関係を、どこかできちんと自分なりに整理したいなとしばらく考えてもいた。

ただし、ずっとむかしより私自身にとって、生命と文化という事象にどうとりくむか、あるいは社会や言語にまみれた人間にとって、自然の身体そのもの（それが無垢の自然ではありえないとしても）がどのようなかたちでわれわれの意識や生活と関与しているのか、これが哲学という営為をなすうえでおおきなテーマであった。私自身はこのことを念頭に、妊娠の問題（それは本当に人間的な性や愛に還元される問題なのか？　違うのではないか）、賭博の問題（自然と身体のタイミング論）などについても論じてきた。食の議論は、殺していいこと／殺してはいけないことに連関するがゆえに倫理的色彩は強くなりがちなのだが、同じ方向から事柄の本質に接近するきわめて重要なテーマであったといってよい。この度このようなかたちで、ようやく一冊の本をまとめることができたのは大変嬉しく感じる。

それやこれやで、この本を書きませんかというおはなしは、十年近く前に、世界思想社に別の件でお世話になり、長年この出版社の屋台骨をささえてこられた編集者の方からその後何年かしてご依頼があったのだとおもう。しかし私のほうで別の仕事に気をとられているうち編集者の方もご定年やご異動などで二転三転してしまい、一年半ほど前に現在の編集者の方に落ち着いた。そのときには、まだ書きだす踏ん切りはついていなかったが、二〇一八年が同社の七〇周年記念に該当するので選書をだしたい、ひいてはこの夏（二〇一七年）になんとかお願いしたいということで、私自身ももはやこれまでと意を定め、一夏を使って書かせていただいた。世界思想社の編集の方々を長いあいだ待たせてしまったことについて深くお詫びをするとともに、とりわけ辛抱強く、しかし着実にリマインドをいただき、完成に導いてくれた現在の編集者の方には、深く感謝いたします。また話の内容の相当の部分は、すでに何回か大阪大学人間科学部の授業などであつかっていたことでもあり、そのときの学生のコメントを参考にした部分もある。いろいろ疑問をぶつけてくれた学生さんたちにも感謝します。

昨夏に本腰をいれてこの本を書いているあいだに、赤坂憲雄『性食考』(岩波書店)が発売されたり、また即身仏と関係あるところでは山内志朗『湯殿山の哲学』(ぷねうま舎)が刊行されたりした。本書の内容にも深くかかわり、また大変に魅力的な本であるのだが、残念ながらここでの考察にとりいれることはできなかった。

また、どういうわけか食やカニバリズム系統のサブカルチャーがさまざまなメディアを賑わせているということがある。「豚のPちゃん」のはなしをすると、必ず学生から『銀の匙』という農業(畜産)高校の生徒さんたちを主人公としたマンガを薦められる。それはやはり、育てた生き物を殺して食べるという情動を、産業やそれにともなう教育のなかでどうとらえるかについてきわめて示唆的なものである。またカニバリズムのファンタジーというのはずっと人間社会においてあるのだろうが、近年『進撃の巨人』や『東京喰種《トーキョーグール》』そのほかのサブカルチャーの諸作品においても、自分が食べられるという状況へのあつかいがひとつの軸になっている。食べる、自然、性、文化、死、人類の壊滅。これらをめぐるサブカルチャー的イマジネーションの世界は、思想という領域において古くからある主題をあらためて掘り返している。サブカルチャーでしか示しえないさまざまなファンタジーの世界があることは確かだ。別の視点からすれば、これらは宮沢賢治の童話的世界への回帰なのかもしれない。

時代の裏側や底流を視界に収めたこのような思考を掘り下げることは、必要なことであるだろう。だが本書では、こうした事例について充分に検討することはできなかった。これらについては改めて論じる場面があればチャレンジしてみたいとおもう。

また、最後に批判的に書かせていただいたが、ある種の健康志向なども相まって、あるいは医療の場面において、食べるということが文化にさまざまな影響をおよぼし、現在の社会の隅々にまでいきわたるテーマになっていることも明らかである。これらについて、今はどの方向からまとめればよいかについて手だてがあるわけではない。だが、食が身体を養う重要なファクターであるかぎり、今後とも生命の哲学のおおきなテーマでありつづけることには間違いがない。

この本が、あなたが何気なくものを食べているその振る舞いに、少しでも別の見方を与えられますように。

二〇一七年一二月二三日

檜垣立哉

檜垣立哉（ひがき　たつや）

1964年埼玉県生まれ。フランスの現代思想を縦横無尽に駆使し生命論に挑む哲学者であるが思想にはいった入り口は吉本隆明。また九鬼周造、西田幾多郎、和辻哲郎など日本哲学にも造詣が深く、20世紀初期の思想の横断性を突き詰めたいとおもっている。深夜3時から午前6時まで夜な夜な精力的に執筆活動を続けている。専修大学教授、大阪大学名誉教授。博士（文学）。死ぬ前に1つだけ食べるなら、讃岐うどん。趣味（というか一面の本業）は競馬です。
おもな著書に、『瞬間と永遠　ジル・ドゥルーズの時間論』（岩波書店）、『賭博／偶然の哲学』（河出書房新社）、『子供の哲学』（講談社選書メチエ）、『ドゥルーズ入門』（ちくま新書）。おもな訳書にドゥルーズ『ベルクソニズム』（法政大学出版局、小林卓也と共訳）、ヴィヴェイロス・デ・カストロ『食人の形而上学』（洛北出版、山崎吾郎と共訳）。

教養みらい選書　002
食べることの哲学

2018年 4月15日　第1刷発行
2023年12月20日　第3刷発行

定価はカバーに
表示しています

著者　檜《ひ》垣《がき》立《たつ》哉《や》
発行者　上原寿明

世界思想社
京都市左京区岩倉南桑原町56　〒606-0031
電話 075(721)6500
振替 01000-6-2908
http://sekaishisosha.jp/

（印刷　太洋社）

ISBN978-4-7907-1711-9

教養みらい選書

003
感性は感動しない
美術の見方、批評の作法
槇木野衣

子供の絵はなぜいいのか?美術批評の第一人者が、絵の見方と批評の作法を伝授し、批評の根となる人生を描く。書き下ろしエッセイ集。

004
音楽と出会う
21世紀的つきあい方
岡田暁生

人生を変えるような音楽と出会うには?21世紀に固有の音楽現象を挑戦的にとりあげ、規格外の音楽とつきあう楽しさを自在に語る。

006
二枚腰のすすめ
鷲田清一の人生案内
鷲田清一

読売新聞の人気連載「人生案内」から71の名問答を厳選。回答を裏打ちする人生作法「二枚腰のすすめ」を書き下ろし。付録に自筆年譜。

007
人、イヌと暮らす
進化、愛情、社会
長谷川眞理子

イヌと暮らせば、愛がある、学びがある。愛犬キクマル、コギク、マギーと暮らして進化生物学者が学んだこと。科学×愛犬エッセイ。

008
居場所のなさを旅しよう
磯前順一

「友達がいない」「居場所がなくて恥ずかしい」と悩むあなたへ。どこにも所属できない居心地の悪さについて、とことん考えてみよう。